HEYNE BÜCHER

In der Reihe »Fernöstliche Weisheiten« erschienen:

Zen
(08/9100)

Taoismus
(08/9101)

Geheimwissen Indiens
(08/9102)

Tibetischer Buddhismus
(08/9103)

Reinkarnation
(08/9104)

Yogis
(08/9105)

Tantrismus
(08/9106)

Sufismus
(08/9107)

Schamanismus
(08/9108)

I Ging
(08/9109)

Geheiligter Eros
(08/9110)

Derwische
(08/9111)

JEAN-MICHEL VARENNE

ZEN

FERNÖSTLICHE WEISHEITEN

Herausgeber der Reihe:
Patrick Ravignant

Deutsche Erstveröffentlichung

WILHELM HEYNE VERLAG
MÜNCHEN

HEYNE RATGEBER
Nr. 08/9100

Titel der französischen Originalausgabe
LE ZEN
erschienen bei M. A. Editions, Paris
Deutsche Übersetzung von Gerda Gensberger

Printed in Germany 1985
Umschlagzeichnung: Patrice Varin
Umschlaggestaltung: Atelier Ingrid Schütz, München
Druck und Bindung: Presse-Druck, Augsburg

ISBN 3-453-41665-1

INHALT

Der Zenbuddhismus (oder Ch'an) 9
Einführung 10

ERSTER TEIL:
Kapitel I: Der indische Buddhismus 25
Kapitel II: Der chinesische Buddhismus 59
Kapitel III: Der japanische Zenbuddhismus 65

ZWEITER TEIL:
Das Große Fahrzeug 69

DRITTER TEIL:
Das goldene Zeitalter des Ch'an 97

VIERTER TEIL:
Geschichte und Anwendung des Koan Zen 131

FÜNFTER TEIL:
Zwei Methoden der Zen-Meditation 153

SECHSTER TEIL:
Die Kunst des Zen 165

Schluß 179

»Pei-Hsiu zeigte Huang-Po eine Schrift mit Betrachtungen über den Buddhismus.

Der Meister schob sie beiseite, ohne auch nur einen Blick darauf zu werfen.

Nach langem Schweigen fragte er:

›Verstehen Sie?‹

›Das übersteigt mein Verständnis!‹

›Wenn Sie es nur auf diese Weise verstünden, zählte das schon viel.

Wenn man etwas mit Papier und Tinte ausdrückt, was hat das denn mit der Lehre unserer Schule zu tun!‹«

Vorwort

Diese Sammlung setzt sich zum Ziel, die Grundhaltungen der orientalischen Geisteseinstellung zu erforschen, aber nicht als folkloristische Besonderheit oder als gelehrsames Thema, sondern sie erforscht die lebendigen Traditionen, die geeignet sind, unsere Wahrnehmung der Wirklichkeit und unser Bewußtsein radikal zu verändern.

Die Ansichten und Praktiken in diesen Büchern betreffen uns direkt mit unseren Problemen, unseren Konflikten, unserer Umgebung in der westlichen Welt des 20. Jahrhunderts. Für jeden von uns können diese Wege eine vollkommene Veränderung der alten Sichtweisen und Reaktionen zur Folge haben, eine Auflösung von Gewohnheiten und Zuständen, um in eine innere Freiheit und in unmittelbaren Reichtum zu münden, wo der erlebte Augenblick gleichbedeutend ist mit Ewigkeit.

Die Lehren des Taoismus, des Hinduismus, des Buddhismus, des Schamanismus, des Islam sind von außerordentlicher Unterschiedlichkeit, aber die Erfüllung, von der sie Zeugnis ablegen, ist die gleiche. Es handelt sich nicht um irgendwelche intellektuelle Exotik, sondern um die innerste und intimste WIRKLICHKEIT, die im Herzen eines jeden einzelnen liegt.

Der Zenbuddhismus (oder Ch'an)

Der unnachahmliche Charakter des Zen – Das aufsehenerregende Gesicht des Zen – Das plötzliche Erwachen – Das Koan – Aufbau dieses Buches

Einführung

Was bedeutet Zen?

Seit die Japaner die Philosophie des Zen in den Westen gebracht haben, gab es zahlreiche Denker, Intellektuelle und Forscher, die sich bemüht haben, diese erstaunliche »Religion« kennenzulernen, zu begreifen und auch auszuüben.

Wenn der Zen in unserer unruhigen Gesellschaft Furore machte, wenn seine Grundsätze bei der Intelligentia Anklang fanden, so deshalb, weil er überzeugende Antworten auf die entscheidenden Fragen zu geben scheint, die sich die hellsichtigsten Menschen heutzutage stellen.

Jean Paulhan, die graue Eminenz der französischen Literatur, dessen Ansprüche und unerbittliche Schärfe beispielhaft waren, sprach dem »Denken« des Zen eine ebenso wichtige Bedeutung zu, wie sie einst Descartes hatte.

Im Lauf der letzten Jahre erschien eine beeindruckende Menge von Büchern über dieses schwierige Thema, was von einem wachsenden Interesse zeugt.

Es bleibt jedoch eine Tatsache, daß dieser »Zen«, auf den sich zeitgenössische Schriften (Romane und Essays) häufig beziehen, ein exportiertes Erzeugnis ist, das den Bedürfnissen der sogenannten modernen Zivilisation angepaßt wurde.

Der Erfolg des Zen rührt von einer Doppeldeutigkeit her, vielleicht sogar von einem Mißverständnis. Wir möchten mit diesem Buch dazu beitragen, bestimmte Verwechslungen zu vermeiden sowie gewisse Annäherungen, die, um es vorsichtig auszudrücken, zumindest oberflächlich sind ...

Zunächst ist es unbedingt notwendig, als Spielregel sozusagen, die historischen Ursprünge des Zen sowie die etymologische Bedeutung dieses Wortes genau zu erläutern, das zu einem ziemlich abgegriffenen Schlagwort in oberflächlichen »Insider-Gesprächen« geworden ist.

Zen ist die japanische Übersetzung des chinesischen Wortes

Ch'an (das selbst wiederum aus dem Sanskrit-Wort Dhyana übersetzt wurde und wörtlich Meditation bedeutet). Ch'an war eine Richtung des chinesischen Buddhismus, die sich unter der Herrschaft der Tang-Dynastie (618–907) entwickelte.

Diese Lehre verbreitete sich auf Betreiben ihrer Meister wie ein Lauffeuer in ganz China und verdrängte rasch die anderen buddhistischen Sekten. Nach der Welle der großen Verfolgung, der der Buddhismus ausgesetzt war (845), wurde der Ch'an zusehends schwächer. Seine ursprüngliche, unmittelbare und spontane Lehre zeigte unter der Song-Dynastie (960–1279) einen Hang zur Systematisierung.

Der Ch'an wurde in dieser etwas verniedlichten, verfeinerten und nuancierteren Form in Japan eingeführt (XII. Jahrhundert) und von zwei miteinander konkurrierenden Sekten, dem Rinzai und dem Soto, verbreitet.

Die Japaner übernahmen die Lehre der chinesischen Weisen, bestanden aber auf der sitzenden Meditationshaltung (Zazen) und der Lösung sprachlicher Rätsel (die berühmten Koan). Zu Beginn des 20. Jahrhunderts propagierten die ersten japanischen »Missionare« den Zen in Nordamerika (vor allem in Kalifornien). In den Fünfziger Jahren trug die Bewegung der Beatnicks dazu bei, den Zen populär zu machen, der zur »Philosophie« der jungen, gegen die Industriegesellschaft revoltierenden Leute wurde.

Der Zen erreichte in der Folgezeit Europa, wo er aber den Kreis der Intellektuellen und Forscher nicht durchbrach.

Um den Zen, soweit wie möglich, zu begreifen, scheint es uns erforderlich, an seinen Ursprung zurückzugehen und die von seinen Begründern verbreitete Lehre zu studieren.

Dieses Buch handelt im wesentlichen vom chinesischen Ch'an, zum einen aus naheliegenden philosophischen Gründen, zum anderen aus dem pädagogischen Bemühen um Klarheit. Tatsächlich ist es fast unmöglich, von der japanischen Form des Zen zu sprechen, weil sie schwer begreiflich ist.

N. B. Es ist üblich, die Begriffe Zen und Ch'an unterschiedslos zu benützen, aber auf den folgenden Seiten wird hauptsächlich von China die Rede sein.

Der unnachahmliche Charakter des Zen

»Diese alte Welt, die ich verabscheute, ist tatsächlich eine Welt der Magie und der Verzauberung für mich, seit man mir den inneren Frieden einflößt, in dem das Unerschöpfliche ruht.«

Henry Miller

Miller, der alte Weise von Big Sur, dessen ganzes Leben der Suche nach der Wahrheit gewidmet war, praktiziert auf seine Weise die Lehre des Ch'an, ohne sich jedoch von seinen eigenen kulturellen Ansprüchen zu trennen.

Zusammen mit Allan Watts und dem Dichter Gary Snyder (und in etwas verminderter Form dem Romanschriftsteller Jack Kerouac) war er einer der ersten westlichen Künstler, der die Botschaft der Patriarchen verstand und sie in seinem täglichen Leben authentisch verwirklichte.

Was bedeutet Zen?

Es ist unmöglich, eine rationale Definition des Zen zu geben, ohne sofort in seine metaphysische Falle zu tappen.

Diese Frage ist selbst die Wurzel des Zen. Sie wurde ohne Unterlaß von den Meistern ihren Schülern gestellt und umgekehrt.

Sich über das Wesen des Zen zu befragen, ist ein Vorwand, der Ansatz zu einem ungelenken, unfaßbaren Dialog, der teils positiv, teils negativ verläuft.

Zunächst müssen wir es hinnehmen, daß es keine fertige Antwort darauf gibt. Den Zen zu definieren, ist ein Versuch, der unweigerlich zu schmerzlichem Scheitern verurteilt ist.

Die von der handgreiflichen Pädagogik der chinesischen (und manchmal auch japanischen) Weisen eröffnete Perspektive besteht genau darin, ganz entschieden mit dem diskursiven Verstand zu brechen, der ständig dazu neigt, all das zu bewerten und zu beschreiben, was in den Bereich des Unergründlichen gehört.

Was bedeutet Zen? Ein Meister würde antworten: »Die Zypresse im Hof«, ein anderer, »Drei Pfund Flachs«. ...

Der Zen schließt das Denken kurz, bringt die Abstraktionen zu Fall und verweist mit Nachdruck auf die unmittelbare Erfahrung des Seins, auf die banalen Taten, die unser alltägliches Leben ausmachen.

Äußerst pragmatisch orientiert, belastet sich der chinesische Ch'an nicht mit leerem Gerede und unnützen Vermutungen. Er ist direkt auf das Bewußtsein ausgerichtet und beschränkt sich freiwillig auf unverblümte Feststellungen, auf eine Art psychologischen Zustand, ohne die geringsten philosophischen oder religiösen Zugeständnisse zu machen.

Sein Hauptmerkmal ist zweifellos seine Unfaßbarkeit; vergleichbar mit dem Wasser, das uns durch die Finger rinnt, entzieht er sich der Begriffsbestimmung. Wir sind dazu verdammt, gegen die undurchsichtige Mauer des Zen anzurennen, wie sehr wir auch den Verstand anstrengen mögen.

Die Ch'an-Meister bringen ihre Anhänger zu einer grundlegenden Umkehr und befragen sie ohne Unterlaß über das Fundament ihres Bewußtseins, ohne dabei je auf verbale Kunstgriffe oder intellektuelle Kategorisierungen zurückzugreifen.

»Zen ist euer tägliches Denken«, behauptet ein Weiser. Der Zen wird von keinem doktrinären Text gestützt, keine rationale Erklärung (wenn nicht die seiner unzähligen Exegeten) rechtfertigt diese extreme Befragung. Um den Zen zu begreifen, verfügen wir lediglich über Geschichten, Possen, verbale Verrenkungen, die eigentlich ziemlich rätselhaft sind ... Es ist übrigens unmöglich, einen klaren Sinn auszumachen, der eine Verbindung zwischen diesen Anekdoten herstellen könnte. Der einzige Anhaltspunkt, auf den wir uns ohne Risiko beziehen können, ist der Geist des Ch'an selbst.

Das aufsehenerregende Gesicht des Zen

Die innerste Natur unseres Seins zu entdecken, ist die einzige Regel des Zen, die geheime Rechtfertigung für sein zerstörerisches Wirken ...

Er lehrt nichts, was man behalten, erinnern oder speichern könnte. Alle tätigen Fundamente des Denkens werden angegriffen und abgebaut.

»Es wird euch gezeigt, und von diesem Augenblick an ist euch alles gegeben. Bei jemandem, der intelligent ist, genügt ein einziges Wort, um ihn von dieser Wahrheit zu überzeugen, aber der Irrtum hat sich bereits eingeschlichen. Das ist noch sehr viel eher der Fall, wenn man zu Papier und Tinte greift und sich einer verbalen Erklärung oder den Spitzfindigkeiten der Logik hingibt, denn in diesem Fall entfernt sie sich von euch.

Die tiefste Wahrheit des Zen ist jedermanns Eigentum. Sucht in euch selbst danach, im Innersten eures Seins, und versucht nicht, sie mit Hilfe eines anderen zu finden.

Euer eigener Geist steht über jeglicher Formel. Er ist frei, friedlich und genügt euch.«

Ian-Ou

Die Meister gehen immer auf negative Weise vor, wenn sie versuchen, ihren Schülern die Wahrheit begreiflich zu machen. Sie bemühen sich nie, etwas zu erklären oder zu beweisen, sondern antworten mit Paradoxen, um das Bewußtsein des Zuhörers für den Augenblick zu öffnen.

Die Antwort kann verbal, aber auch durch Taten erfolgen: Fußtritt, Ohrfeige, Rülpsen, erhobener Zeigefinger ...

Der Zen mißtraut einer Systematisierung dieser »Dialektik«. Er richtet sich an den Geist des Schülers, setzt das Bewußtsein ein und dreht die Frage um wie einen Handschuh, um auf die unberührbare Wahrheit abzuzielen ...

Der Zen begeistert sich für alles Unlogische, aber ohne dies zur Schau zu stellen; seine Paradoxe haben nur das eine Ziel, die geistigen Konditionierungen zu zerstreuen, die den Schüler, der noch immer in seine Assoziationen und geistigen Vorstellungen verstrickt ist, zu seiner Frage bewogen haben. Mit listigem und provozierendem Eifer zerstört er die Worte und deren logische Verbindung, ehe er die freie Entfaltung der ursprünglichen und inspirierenden Frische zuläßt.

»Seht nur, ich gehe mit leeren Händen!
Ich halte den Spaten in meinen Händen.
Ich gehe zu Fuß
Und dennoch bin ich auf den Rücken eines Ochsen geklettert.
Wenn ich die Brücke überquere
Seht nur! Nicht das Wasser fließt, sondern die Brücke!«

Shan-Shui (487–569)

Die Gründe für den gegenwärtigen Erfolg des Zen im Westen muß man sicher in diesem bewußt provokanten und subversiven Aspekt suchen.

Die Logik funktioniert nicht mehr! Eingesperrt in eine unmenschliche technisierte Welt, sind wir dazu verurteilt, in diesem modernen Labyrinth herumzuirren. Der Zen scheint dazu imstande zu sein, uns den Schlüssel zu liefern, der uns erlaubt, all dem zu entrinnen, und bietet uns gleichzeitig eine Deutung dieser chaotischen, sinnentlernten Welt.

Um die von den Meistern des Ch'an gelehrte Wahrheit zu erfassen, ist es unerläßlich, ihre Einfachheit, ihre trefflichen Methoden und ihren Pragmatismus, die so oft beunruhigend sind, ganz in sich aufzunehmen. Die chinesischen Weisen räumen rücksichtslos auf mit den Äußerlichkeiten, an die sich die Religionen für gewöhnlich klammern, sowie mit den außergewöhnlichen Erscheinungen, den Visionen und Wundern. Hartnäckig verweisen sie auf das ursprüngliche Leben des Menschen, auf die unmittelbare Erfahrung und das Erlebte.

»Das wahre Wunder besteht nicht darin, in der Luft zu schweben oder auf dem Wasser zu wandeln, sondern darin, auf der Erde zu gehen.«

Lin-Tsi (gestorben um 867)

Der Meister Chen-Chi begnügt sich einfach damit, einem abergläubischen Schüler, der auf Erscheinungen wartet, durch eine scheinbar banale und triviale Tat zu antworten.

»Ich habe gehört, daß, als der Buddha sich in die Öffentlichkeit begab, goldene Lotusblüten aus der Erde sprossen. Welches gute Zeichen dürfen wir denn heute anläßlich der Inthronisation Eurer Exzellenz erwarten?

›Ich habe soeben den Schnee vor dem Tor weggeräumt.‹«

»Den Weg des Zen« zu beschreiben, heißt, sich auf eine hartnäckige Suche nach der Wahrhaftigkeit zu begeben. Das chinesische taoistische Denken (Siehe das Buch in dieser Reihe) hat dem Ch'an seinen Begriff vom »wahren Menschen«, »ohne Hab und Gut«, der sich von Nebensächlichkeiten und vorübergehenden Sorgen befreit hat, »vererbt«.

Das plötzliche Erwachen

Der Ch'an hat sich sehr schnell vom traditionellen Buddhismus abgekehrt, indem er die »subitistische Methode« lehrte. Es geht darum, hier und jetzt, die Erleuchtung oder Entdeckung seines eigenen Wesens zu erlangen, ohne den graduellen, stufenweisen Weg zu beschreiten (der eine methodische geistige und körperliche Arbeit beinhaltet).

Der Zen zielt ohne Umweg mitten in den Kern des Daseins. Er pflegt eine wirkungsvolle Spontaneität, die dem von allen persönlichen Eigenschaften entlasteten Bewußtsein entspringt.

Das taoistische Denken, das sich mehr als zehn Jahrhunderte vorher entwickelt hatte, hat den Ch'an stark beeinflußt und befruchtet. Wir werden noch oft auf diese Vermischung zu sprechen kommen, aber man kann bereits jetzt den grundlegenden Begriff des »Nicht-Handelns« (Wu-Wei) hervorheben, der diese metaphysische Gleichheit verkörpert.

Die dem »Nicht-Handeln« eigene Haltung setzt eine fragende innere Spannung voraus, die nicht in Zusammenhang steht mit den Gedanken, Gefühlen und Ereignissen, die in der Erfahrung des täglichen Lebens auftauchen.

Der wahre Mensch, so wie ihn die chinesischen Meister begreifen, und wie ihn auch Valery (Der Anonyme) sowie der Schriftsteller Robert Musil (»Der Mann ohne Eigenschaften«) vorweggenommen haben, ist nicht unmittelbar seinen Gedanken unterworfen. Sein Wesen ist unabhängig und autonom, und er steht in Verbindung mit der kosmischen Strömung (Tao).

Das Koan

Die lapidaren Antworten der Weisen (die Koan), die dennoch die Lehre scharf umreißen, bilden einen Anstoß, einen Anreiz zur Entdeckung des inneren Friedens und führen zu einer Rückbesinnung des Geistes auf sich selbst (dieses »Unternehmen« wird manchmal als »Tanz auf Messers Schneide« bezeichnet).

Der »moderne« Zen, wie ihn die Japaner vermittelt haben, vernachlässigt diese Sicht und beschränkt sich auf das Verständnis des Inhalts der Geschichten.

Indem er seine Anhänger der rigorosen Disziplin der Koan unterwirft, deren Praxis manchmal in eine richtiggehende Quälerei ausartet, geht der zeitgenössische Zen ein sehr großes Risiko ein: Die einst spontane Methode von Frage und Antwort wird zu einem Kunstgriff und verkehrt sich so in ihr Gegenteil ...

Wir sind der Ansicht, daß es unerläßlich geworden ist, den

Ch'an in seiner ursprünglichen Form wiederherzustellen: ohne Hab und Gut sein, sein eigenes Wesen zu entdecken, ohne auf der sitzenden Haltung zu bestehen oder auf der Erläuterung der Koan.

Die Anhäufung von Informationen, Nachrichten, Zeichen und Reizen, die die gegenwärtige Zeit kennzeichnet, erzeugt eine unerträgliche geistige Übersättigung. Die Logik hilft nicht mehr weiter. Anstatt diese unangenehme Situation zu ertragen, indem wir versuchen, sie zu kompensieren, können wir dank des Mangels an jeglichem Sinn unser wahres Wesen entdecken. Der Zen kann uns dann den »Weg« weisen, der überall unter unseren Schritten verläuft ...

Der Ch'an bietet jedoch eine radikale Seinserfahrung, deren Natur nicht durch Sprache vermittelt werden kann. Über den Zen zu schreiben ist immer ein gewagtes Unternehmen, ein intellektueller Versuch, der mehr oder weniger zum Scheitern verurteilt ist. Das Minimalziel kann diesbezüglich also nur heißen, den Versuch zu unternehmen, den Leser das geistige Erdbeben, die grundlegende seismische Erschütterung ahnen zu lassen, die der Zen auszulösen behauptet.

Aufbau dieses Buchs

– *Erster Teil*

Es ist unmöglich, den Zen zu behandeln, ohne über seine historischen Ursprünge zu sprechen. In diesem Teil entwerfen wir in groben Zügen ein Bild des indischen Buddhismus, wie er sich seit der Zeit seines Gründers Gautama (V. Jahrhundert vor unserer Zeitrechnung) bis zu Asanga, dem Verfasser eines grundlegenden Werks (Lankavatara Sutra, dessen Einfluß auf die ersten chinesischen Patriarchen von entscheidender Bedeutung war) entwickelt hat. Anschließend kommen wir auf die Einführung des Buddhismus in China und Japan zu sprechen.

– *Zweiter Teil*

Geschichte des Ch'an seit Bodhidharma, der die Lehre an Hui-Neng, den letzten Patriarchen, weitergab.

Wir werden den Streit erläutern, der die Anhänger der Schule des Südens (subitistischer Weg) und die Anhänger der Schule des Nordens (stufenweiser Weg) entzweite, und wir werden sehen, daß diese Auseinandersetzung auch heute nichts von ihrer Schärfe und von ihrem metaphysischen Reichtum verloren hat.

– *Dritter Teil*
Dank einer langen Ahnenfolge von im Westen wenig bekannten Meistern hat sich der Ch'an unter der Dynastie der Tang entfaltet. Jeder dieser Meister besaß einen besonderen Charakter und pädagogischen Stil, der nicht nur von einer einzigartigen inneren Vision, sondern auch von einer großen Originalität des Geistes zeugt.

Das Goldene Zeitalter des Zen ist ein entscheidender Moment in der gesamten Geistesgeschichte. Die Authentizität, die er verströmt, ist unvergeßlich.

– *Vierter Teil*
Das Koan ist in gewisser Weise das »Markenzeichen« des Zen, das Kleinod der Lehre. Wir werden den Versuch unternehmen, seine Geschichte zu beschreiben und auch seine Entwicklung durch die verschiedenen Werke hindurch, in denen seine Anekdoten und seine scheinbar harmlosen Geschichten gesammelt wurden. Wir wollen anschließend versuchen, die subtilen Mechanismen zu beschreiben, die ihnen unterschwellig zugrundeliegen, und die Methoden, die dazu dienen, diese zu erkennen.

– *Fünfter Teil*
Wir werden darin zwei typische Methoden des Ch'an beschreiben. Die erste, die die Methode vom Büffelfang genannt wird, beschreibt ausführlich die feinen Veränderungen des Bewußtseins im Verlauf der Praxis. Die zweite erinnert an die Lehre des letzten chinesischen Meisters Hsu-Yun, der im Jahre 1955 verstarb.

Das wahre Wunder besteht darin, auf der Erde zu gehen ▷

– *Sechster Teil*
Die Kunst des Zen (Poesie, Malerei, Gartenarchitektur) ist seit jeher berühmt im Westen; paradoxerweise haben diese Kunstwerke, obwohl sie von der Lehre, durch die sie inspiriert wurden, losgelöst sind, noch immer große Bedeutung. Wir werden sie erläutern, indem wir wieder den Zusammenhang zur metaphysischen Ambition herstellen, die ihrer Kreation vorausging.

Wir wollen diese Studie beschließen, indem wir die Gegenwart des Zen in unserer modernen Zivilisation betonen und sowohl die gegenseitige Annäherung als auch die Unvereinbarkeiten herausstellen werden.

Der Zen kann uns sicherlich helfen, aber um welchen Preis, und sind wir auch wirklich dazu bereit, den qualitativen Sprung zu machen, den er voraussetzt?

ERSTER TEIL

Episoden aus dem Leben Buddhas

»Genau genommen, habe ich nicht im geringsten die unvergleichliche und vollkommene Erleuchtung erlangt, Subhuti, aber genau aus diesem Grund nennt man sie die unvergleichliche und vollkommene Erleuchtung.«

Buddha, Vajracchedika Sutra

*

Es gibt nur das Leiden und nicht denjenigen,
der leidet.
Es gibt die Tat, aber nicht deren Urheber.
Es gibt das Nirwana, aber nicht denjenigen,
der es erstrebt.
Es gibt den Weg, aber keinen Reisenden.

Buddha, Visuddhimagga

ERSTES KAPITEL

Der indische Buddhismus

Das Leben Buddhas – Die Lehre – Die vier heiligen Wahrheiten – Das Anatta oder die Unbeständigkeit der Dinge – Der Weg des Nirwana – Streitigkeiten der Schulen, Wettstreit der Lehren – Die Lehre vom Mitleid und von den Bodhisattvas – Die drei Göttlichen Körper – Die Identität von Nirwana und Samsara – Zeit und Raum – Das Wesen des Geistes – Weisheit und Unwissenheit

A) DAS LEBEN UND DIE LEHRE DES GAUTAMA BUDDHA

Eigentlich wissen wir nur sehr wenig über das Leben des Begründers des Buddhismus.

Beim gegenwärtigen Stand der Forschung ist es praktisch unmöglich, zwischen der historischen Wahrheit und den Legenden, den mehr oder weniger sagenhaften Berichten, zu unterscheiden, die sich im Lauf von siebzehn Jahrhunderten angesammelt haben.

Dank der Werke von Gelehrten, die sich auf einige wesentliche Aspekte konzentrieren, können wir nichtsdestotrotz in groben Zügen die entscheidenden Markierungen seines geistigen Abenteuers nachvollziehen.

Der Weg, den Gautama eingeschlagen hat, besitzt eine eigene pädagogische Bedeutung. Seine Suche ist nicht nur für die Buddhisten beispielhaft, sondern für all diejenigen, die auf der Suche nach der Wahrheit sind, sich für die Weisheit begeistern und dem Zweifel und der täglichen Angst ausgeliefert sind.

Heutzutage leiden die meisten von uns unter Sorgen und Unsicherheiten, die denen vergleichbar sind, die vor nahezu zweitausend Jahren die lange und beschwerliche Suche Buddhas ausgelöst haben.

Die Menschen der westlichen Welt haben eine »natürliche« Neigung, dem Buddha jüdisch-christliche Eigenschaften zuzuschreiben, und es ist deshalb angebracht, als Einleitung einige dem Buddhismus eigene Merkmale näher zu erläutern.

Die Suche Gautamas ist durch und durch menschlich. Sie beruht nicht auf einem göttlichen Auftrag oder irgendeiner Prophezeiung. Ihre Befreiungsbotschaft basiert nicht auf einer transzendentalen Autorität, sondern wendet sich an die Menschen im Hier und Jetzt.

Die buddhistische Suche wurzelt im gewöhnlichen Leben, ohne sich auf irgendeinen übernatürlichen paradiesischen Zustand zu beziehen. Der Buddhismus ist eine Religion ohne Gott. Obwohl die westlichen Menschen mit den seltsamsten

Glaubensüberzeugungen vertraut sind, überrascht sie diese Besonderheit immer wieder aufs Neue.

Einige von ihren eigenen Vorurteilen verblendete Schreiber haben nicht gezögert, den Buddhismus als eine »agnostische« Religion zu definieren. Im folgenden wird man sehen, was von diesem sehr zweideutigen Begriff der Gottlosigkeit zu halten ist ...

Das Leben Buddhas

Gautama wurde um das Jahr 558 vor Christus in einem kleinen nepalesischen Königreich geboren, dessen Erbe er unter dem Namen Prinz Siddharta antrat ... Mit sechzehn Jahren verheiratet er sich, und seine Frau schenkt ihm einen Sohn. Seine ersten Jahre verlebt er friedlich in der Glückseligkeit von Vergnügungen, Spielen und Leidenschaften.

Seine Diener sind darum bemüht, ihn vor der harten Wirklichkeit des menschlichen Lebens zu beschützen, aber trotz ihrer Fürsorge macht er die erschütternde Entdeckung von Leiden und Tod.

Da er lange Zeit ferngehalten, in seinem Palast abgeschirmt und behütet gewesen war, kannte er das Elend und die Leiden und Schrecken nicht, die nun einmal das tägliche Los der Ärmsten der Armen ausmachen.

In seinem Gewissen zutiefst beunruhigt, von diesen unerwarteten Enthüllungen erschüttert, entschließt er sich ganz spontan, mitten in der Nacht aufzubrechen, alles aufzugeben, hinaus auf die Straße zu gehen, um seine Nahrung zu erbetteln, damit er, um jeden Preis, die Wahrheit und den Sinn des Lebens finde.

Er beschließt, zunächst in die heilige Stadt Benares zu ziehen, wo zahlreiche Weise, Gelehrte, Pandhits, Asketen sowie Künstler und Musiker leben.

Dort herrscht ein außergewöhnliches geistiges Klima. Es gibt dort eine ganze Reihe von Meistern und Lehrern, die ihr Wissen weitervermitteln. Gautama trifft auf einen berühmten Pandhit,

Geburt Buddhas

einen Rechtsgelehrten, der ihn, ohne zu zögern, die Dogmen und Grundsätze der Religion lehrt.

Als äußerst begabter Schüler hat sich Gautama sehr rasch die Hauptprinzipien der Doktrin angeeignet und erweist sich bald als fähig, alle Register der gelehrten Diskussion zu ziehen. Er beginnt selbst damit, Reden zu halten und mit anderen Pandhits im Schatten der an den Ufern des Ganges aufgespannten Sonnenschirme Streitgespräche zu führen.

Aber sein Weg ist ein anderer, seine Bedürfnisse lassen sich nicht durch Gelehrsamkeit befriedigen. Endlos lange Dispute über Unklarheiten der Lehre ermüden ihn nur.

Gautama wird sich darüber klar, daß diese scholastische Methode zu nichts führt, außer zu einer vorübergehenden intellektuellen Befriedigung, aber mitnichten zur Wahrheit des Seins. Beim Studium der heiligen Texte findet er keine Antworten auf seine schmerzlichen Fragen nach dem Sinn der menschlichen Existenz.

Gautama gibt daraufhin das diskursive, logische Denken auf, das zwar dem persönlichen Ruhm zuträglich ist, aber niemals der Erkenntnis dient.

Nach dem Abschied von seinem ersten Meister bricht er in die Wälder auf und schließt sich den Yoga-Anhängern, den Asketen, Einsiedlern und Klausnern an, die durch Ausdauer erfordernde körperliche Übungen nach der Wahrheit suchen.

Seiner Studienjahre überdrüssig, wendet sich Gautama mit Freude und Entschlossenheit dem Yoga zu.

Unter der unerbittlichen Zuchtrute eines großen Meisters lernt er, seinen Willen zu beherrschen, seine Widerstände zu überwinden und seine Wünsche zu besiegen. Entbehrungen, Kasteiungen, Fasten. Er unterwirft sich den schwierigsten Übungen.

Seine Gefährten hält er für zu halbherzig und läßt nicht damit nach, sein Tun auf geradezu fanatische Art und Weise zu vertiefen.

Vier Yogis begleiten ihn auf seinem aufsehenerregenden Weg. Gautama ähnelt einem Skelett, und sein Zustand schwächt sich von Tag zu Tag. Doch seine Fragen bleiben unbeantwortet …

In der Nähe der Stadt Gaya durchfährt ihn eines Tages der

Tod Buddhas

Gedanke, daß diese strenge Askese zu nichts führt, am allerwenigsten zur Wahrheit. Die intensive Ausübung des Yoga erweist sich als ebenso unselig wie das Studium und die Ansammlung von dogmatischem Wissen.

Seine Freunde verlassen ihn. Verdrossen und erschöpft läßt er sich unter einem altehrwürdigen Baum nieder und beschließt, ohne Unterbrechung zu meditieren, so lange, bis er sich von seiner psychologischen Last befreit hat.

Gautama meditiert ohne Unterlaß die ganze Nacht lang. Nacheinander erlöschen die Sterne.

Nur der Polarstern leuchtet noch im trüben Licht der Morgendämmerung.

Plötzlich »erkennt« Gautama.

Man fragt sich oft nach dem tieferen Sinn dieser geistigen Erkenntnis, die auch Erwachen, Erleuchtung oder Erkennen des eigenen Wesens genannt wird.

Die Weisen haben sich immer geweigert, den Prozeß der Erleuchtung zu beschreiben, der eine innere Erfahrung auslöst, die jenseits der Sprache liegt und von daher nicht vermittelbar ist. Die Übermittlung der Erleuchtung geschieht non-verbal, schweigsam, von Seele zu Seele.

Es läßt sich einfach nur feststellen, daß Gautama von einer Sekunde auf die andere von seinen Fragen, Zweifeln und Ängsten befreit wird. Es wird ihm klar, daß Bewußtsein und Universum Eins sind.

Gautama ist zu einem Buddha geworden, zu einem *lebendig Befreiten.* Er ist in der Welt der irregeleiteten Phänomene gestorben, um im unerschaffenen Bewußtsein wiedergeboren zu werden, das in alle Ewigkeit existiert.

Als er begreift, daß diese unaussprechliche Erfahrung das wahre Ziel der menschlichen Existenz darstellt, einer menschlichen Existenz, die dieses Namens würdig ist, beschließt er spontan, die Menschen, die noch Gefangene ihrer Verhaltensmuster sind, die Mittel zu lehren, die es ihnen ermöglichen, zu dieser allerhöchsten Erkenntnis zu gelangen.

Wir befinden uns im April/Mai des Jahres 523 vor unserer Zeitrechnung: Der Buddha ist geboren. Gautamas erste Aufgabe besteht darin, nach Benares zurückzukehren, um seine Erfahrung mit der der Pandhits und Asketen zu konfrontieren. Er hat nicht vor, sich eine Ermächtigung von den religiösen Autoritäten einzuholen, sondern will im Gegenteil die Vorherrschaft seiner Lehre gegenüber den anderen Doktrinen durchsetzen.

Er setzt sich in einen Gazellenpark und predigt ohne Unterlaß. Seine vier Weggefährten, die von seiner Glaubenserfahrung überzeugt sind, haben sich ihm wieder angeschlossen.

Wir wissen nicht genau, wie Buddha aufgenommen wurde, aber es gibt keinen Zweifel daran, daß seine Botschaft, die den hinduistischen Thesen radikal entgegengesetzt war, auf Mißtrauen und Mißbilligung bei den Brahmanen und Pandhits stieß.

In ein kleines Dorf (Sarnath) zurückgezogen, errichtet er das endgültige Fundament seiner Lehre. Diesen in der Religionsgeschichte entscheidenden Vorgang nennt man das »Anstoßen des Rads des GESETZES (Dharma)«.

Der Buddhismus war somit geboren und verbreitete sich wie ein Lauffeuer. Tausende von Menschen folgten Buddha eilends nach, Gemeinschaften wurden gebildet und strenge Vorschriften erlassen.

Bis zu seinem Tod 478 wurde Buddha nicht müde, das Land zu durchstreifen, wobei ihm seine Mönche und Scharen gläubiger Anhänger folgten.

Für den heutigen Beobachter ist es ziemlich beeindruckend, den Erfolg dieses spirituellen Ereignisses und insbesondere dessen sozusagen automatischen Übergang in eine geregelte, kodifizierte und genau festgelegte Religion zu erkennen (die Vorschriften haben sich im Lauf der Jahrhunderte nicht geändert und werden noch heutzutage in allen Einzelheiten eingehalten).

Daraus läßt sich zwangsweise schließen, daß der Buddhismus einem Bedürfnis entsprach, eine verlorengegangene spirituelle Wahrheit predigte sowie die im Niedergang begriffenen traditionellen Glaubensrichtungen wirkungsvoll verdrängen konnte.

Die Lehre

Die ursprüngliche Lehre Buddhas (wie sie in den Sutras, Gebeten in Versform, überliefert ist) stellt sich nicht als ein auf dogmatischen Begriffen basierendes System oder als theoretische Philosophie dar. Man könnte sie vielmehr mit einer Art therapeutischer Diagnostik vergleichen, die mit einer Reihe von Anordnungen verbunden ist, die Heilmittel zum täglichen Gebrauch verschreiben.

Der ursprüngliche Buddhismus hat eher mit spiritueller Medizin als mit Religion im üblichen Sinn des Wortes zu tun.

Die Idee eines Schöpfers oder einer individuellen Seele (Atman) ist ebenfalls aufgegeben zugunsten gewissenhafter, präziser Regeln, ohne mystische Hintertüren und ohne Rückhalt eines von der Vorsehung bestimmten göttlichen Schicksals.

Die vielschichtigen Motivationen des Individuums werden als einzige Quelle der Freuden und Leiden betrachtet, die jeden in gleicher Weise beeinflussen.

»Die Welt wird ständig durch die guten und bösen Taten der Menschen geschaffen.«

Der von Buddha eröffneten Perspektive zufolge obliegt es den Menschen, ihr wahres Wesen zu erkennen, indem sie aus der täglichen Lebenserfahrung heraus den genauen Sinn ihrer Fragen begreifen.

Die Vier Heiligen Wahrheiten

Als er zu predigen anfing, wählte Gautama eine klare Sprache ohne dogmatische Zweideutigkeit, um von allen verstanden zu werden. Er vermied es sorgfältig, sich in die Fallstricke der philosophischen Interpretation zu verwickeln.

Die Vier Heiligen Wahrheiten bilden das Fundament seiner gesamten Lehre. Das wahre, nicht-intellektuelle, im Seelenfrieden wurzelnde Verständnis dieser mit unerbittlicher Logik ausgesprochenen Sätze ist zweifelsohne der Schlüssel zum Buddhismus.

1. Alles ist Leiden

Diese Behauptung ist von größter Bedeutung. Es geht nicht darum, ihr als Ergebnis einer geistigen Betrachtung zuzustimmen, sondern sich vielmehr ganz von ihr durchdringen zu lassen. Diese Feststellung ist weniger ein Dogma als eine der Erfahrung entspringende Wahrheit. Auch Gautama selbst hatte ihr erst zugestimmt, nachdem er gelernt hatte, das Wesen unserer Existenz zu begreifen.

2. Der Ursprung des Leidens ist das Begehren

Wir leiden deshalb, weil wir ständig den Drang verspüren, etwas zu begehren, was wir gar nicht kennen. Die Begierde zieht unausbleiblich das Leiden nach sich.

Niemals sind wir völlig frei und glücklich zu leben. Ständig streben wir nach mehr; nach Gegenständen, bestimmten Situationen oder einem geliebten Menschen.

Dieses Begehren kann man auch durch Hunger oder Durst ausdrücken. Wir gieren danach zu nehmen, zu ergreifen und zu besitzen.

Indem er Leiden und Begehren miteinander in Beziehung setzt, streut Buddha Salz in die offene Wunde der menschlichen Existenz.

Um uns befreien zu können, müssen wir lernen, ihre zwangsläufige Verkettung zu erkennen.

3. Die Befreiung vom Leiden besteht in der Abschaffung des Begehrens

Das Leiden kann nicht von selbst erlöschen wie eine niedergebrannte Kerze. Nur das Erkennen seiner wahren Ursache – der Begierde – kann uns aus dem Gefängnis befreien, in das wir eingesperrt sind.

Die Voraussetzung für die geistige Befreiung liegt in der Unterdrückung der Wünsche, die nur dann gelingen kann, wenn man die Nichtigkeit und die Konsequenzen dieser Wünsche durchschaut.

4. Die Wege, die zum Leiden führen

Gautamas Antwort definiert das Bestreben des Buddhismus. Wenn wir uns ständig von unseren Sinnen hin- und herreißen lassen, tun wir nichts anderes, als der Tyrannei der unersättlichen Leidenschaften nachzugehen. Wir versteifen uns darauf, in unserer Umwelt Kompensationsmöglichkeiten zu finden, die ihrerseits wiederum zu neuem Leben führen und so fort.

Aber es ist sozusagen unmöglich, plötzlich die Aktivität der fünf Sinne zu unterbrechen, indem man sich einer erzwungenen asketischen Disziplin unterwirft.

Die Unterdrückung der Wünsche durch den rationalen Willen ist ein zusätzlicher Grund des Leidens.

5. Der Weg der Mitte

Buddha schlägt einen gemäßigten Weg vor, nämlich den Weg der Mitte. Ohne den weltlichen Verlockungen zu unterliegen, befürwortet er eine »sanfte« Disziplin, die nicht in die masochistischen Kapriolen der Selbstverstümmelung umschlägt.

Der Weg der Mitte wird von Geduld und Aufmerksamkeit beherrscht und erkennt die fehlgeleiteten Gedanken.

Von dem Augenblick an, da wir die wahre Natur der Wünsche erfassen, sind wir vom Leiden, das sie mit sich bringen, befreit. Es geht nicht darum, sich zu quälen und der Welt zu entsagen, sondern deren Irrealität zu begreifen. Das Leben ist das, was wir aus ihm machen. Leiden und Begierde existieren nicht als solche.

Anatta oder die Unbeständigkeit der Dinge

Buddha lehnt es ab, den Empfindungen, Situationen, Gedanken und Dingen eine innere und bedeutsame Realität zuzugestehen. Außerhalb des unerschaffenen Geistes existiert nichts. Alles ist unbeständig und dem Vergehen geweiht.

Die Äußerlichkeiten besitzen keinerlei innere Wahrheit. Sie bilden lediglich eine undifferenzierte Aneinanderreihung von

Dingen, die sich ihrer Beschaffenheit nach gegenseitig eliminieren oder neutralisieren.

Der Begriff des Anatta ist von grundlegender Bedeutung, da er sich nicht nur gegen die dem Hinduismus eigene Idee des Atman richtet, sondern auch gegen die auf Aristoteles (Lehre von der Substanz an sich) basierende abendländische Philosophie.

Der Buddhismus fällt nicht auf trügerische Phänomene herein. In diesem Sinn ist das, was wir etwas hochtrabend »Realität« nennen, nicht mehr als ein Wirbelsturm, der von unseren Begierden, Leidenschaften, Ängsten und Sinnen ausgelöst wird.

Von der Doktrin der Unbeständigkeit durchdrungen, stützt sich der konsequente Buddhismus nicht länger auf die äußeren Erscheinungen, um die Vorstellung eines autonomen »Ich« zu untermauern. Es gibt keine Lösung auf Dauer, und Fliehen ist unmöglich. Die Errungenschaften werden unaufhörlich in Frage gestellt. Das Universum besitzt nicht mehr Realität als ein Traum, ohne Bewußtsein gibt es keinen Rückhalt.

Buddha hat es immer abgelehnt, die an ihn gestellte Frage nach der Existenz eines »Selbst« oder eines Atman zu beantworten. Seine Lehre birgt die formale Verneinung einer derartigen Idee in sich, aber anstatt sich in sinnlose Zwistigkeiten darüber verwickeln zu lassen, zieht er es vor zu schweigen und zu lächeln ...

Die indischen sowie die europäischen »Philosophen« gefallen sich darin, diese unsinnige Frage zu erörtern, der Buddhismus hingegen bekräftigt, daß es nachgerade absurd ist, diese mit dem Verstand beantworten zu wollen. Allein die Erfahrung der Erweckung oder Erleuchtung, die verbal nicht vermittelbar ist, kann unsere Unsicherheit und unsere Zweifel ausräumen.

Gautama hielt sich zurück, gegen dieses dornige und schwierige Thema zu polemisieren, und lehnte es auch ab, seine eigenen Schüler mit seiner Stimme zu unterstützen, wenn sie zu seinen Gunsten argumentierten (einige vertraten den Gedanken einer unabhängigen Persönlichkeit, andere wiederum verteidigten die gegenteilige Position – die Persönlichkeit sei ein lokkerer Zusammenschluß einzelner Elemente).

Gleichgültig von welcher Seite aus man die Sache betrachtet, der gewählte Standpunkt ist in jedem Fall schwer haltbar. Wenn wir an ein »Selbst« glauben, widersprechen wir damit automatisch dem Begriff der Unbeständigkeit. Im entgegengesetzten Fall läuft die Leugnung des »Selbst« auf eine Art Rechtfertigung der Vernichtung hinaus, die mit dem buddhistischen Weltbild gleichermaßen unvereinbar ist.

Der Weg des Nirwana

Das am Ende der Erleuchtungserfahrung erreichte Nirwana ist ein allumfassender Bewußtseinszustand, ein vom Denken und seinen Begleiterscheinungen unberührtes Stadium der Ruhe und des Friedens.

Es ist jedoch ausgesprochen sinnlos, über das Wesen des Nirwana zu diskutieren. In der wörtlichen Übersetzung bedeutet dieser Ausdruck soviel wie *Erlöschen*, d. h. plötzliches Verschwinden aller Begierden.

Das Nirwana kann man nicht erlangen, es geht in Erfüllung.

Der entscheidende Beitrag der buddhistischen Lehre besteht im Erlernen des Mittelwegs, der sich durch das Verdienst auszeichnet, bestimmte Yoga-Praktiken mit einer besonderen Art der Meditation (Dhyana) zu verknüpfen.

Nichtsdestotrotz sind die Buddhisten nicht müde geworden, den Begriff des Nirwana zu erörtern, der sich gemäß der jeweiligen Schule ständig weiterentwickelt. Die eine Seite betont ausschließlich die körperliche Erfahrung, während die andere das direkte Begreifen und intuitive Erfassen in den Mittelpunkt stellt.

Dennoch werden sie alle von einer einzigen Gewißheit vereint; diese letzte Erfahrung oder Erleuchtung kann weder Gegenstand theoretischer Spekulationen noch Ziel einer Askese sein. Sie besteht vielmehr in einer Rückentwicklung des Geistigen, ein metaphysisches Paradoxon, das über Sprache nicht vermittelbar ist.

Streitigkeiten der Schulen, doktrinäre Angriffe

Es wäre müßig, in diesem Buch die unzähligen Auseinandersetzungen zu referieren, die den Buddhismus seit dem Tod seines Begründers erschüttert haben. Die wenigen hier aufgeführten Aspekte der Doktrin werden ständig Anlaß zu Diskussionen und Abspaltungen bilden.

Man muß sich lediglich vor Augen halten, daß der Buddhismus vielgestaltige Entwicklungsstufen, manchmal einander widersprechender Natur, durchlaufen sollte – nur die klösterliche Regel (Vinaya) sollte von den beiden Hauptströmungen Hinayana und Mahayana anerkannt werden.

Die folgenden Ausführungen sind ausschließlich letzterem gewidmet, da seine Entwicklung besonders für den tibetanischen und den chinesischen Buddhismus von Interesse ist. Was das Hinayana oder »kleines Fahrzeug« betrifft (das, weniger wirklichkeitsfremd und theoretisch orientiert, den ersten Sutras nahesteht), so hat es sich sehr frühzeitig an eine eher der Ethik fest verbundene Praxis angelehnt, die weniger Gewicht auf die Erleuchtung legt als auf die strikte Einhaltung traditioneller Vorschriften (die Vier Wahrheiten).

B) DAS MAHAYANA ODER DIE BUDDHISTISCHE LEHRE VOM GROSSEN FAHRZEUG

Am Ende des ersten Jahrhunderts vor unserer Zeitrechnung teilt sich der Buddhismus in zwei große Schulen, in das Mahayana oder Großes Fahrzeug und in das Hinayana oder Kleines Fahrzeug.

Das Hinayana bleibt den ersten Sutras verbunden, während die Gelehrten des Mahayana eine Reihe von neuen philosophischen Ideen sowie eine mystische Sichtweise »erfinden«, die den Begriff der Erweckung erweitert und vertieft, der im klassischen Buddhismus verhältnismäßig »vernachlässigt« worden war.

In diesem Buch werden wir nur das Mahayana behandeln, dessen wichtigste Inhalte ebenso wie die dazugehörigen spirituellen Praktiken in Tibet und China einen gewissen Erfolg verbuchen konnten.

Die indischen Missionare, die aufbrachen, um die Wahrheiten des Mahayana zu lehren, retteten die Doktrin sowie die Schriften, auf denen diese basiert, vor den Invasionen der Muselmanen im XII. Jahrhundert.

Bodhisattva

Heutzutage sind es die tibetanischen und chinesischen Übersetzungen der Schulen des Mahayana, die den Forschern als Bezugspunkt dienen, da die meisten der Originale zerstört wurden.

Die vom Mahayana eröffnete Perspektive läßt sich im folgenden Satz zusammenfassen:

»Niemals die Lebewesen im Stich lassen und wirklich sehen, daß das Wesen aller Dinge dem Nichts entstammt.«

Das Mitleid und der Begriff der Leere bilden das Fundament des Mahayana.

Wir wollen nun die spirituellen Implikationen dieser »Ideen« untersuchen, wobei wir uns auf den grundlegenden Text des Mahayana, die PRAJNAPARAMITA beziehen, deren Verse täglich von den tibetanischen und japanischen Mönchen rezitiert werden sowie damals auch von den Anhängern des chinesischen Ch'an.

DIE PRAJNAPARAMITA

Prajnaparamita-Sutra läßt sich mit »Predigten über die Vollkommenheit der Weisheit« übersetzen.

Sutra: Predigt
Prajna: Weisheit
Paramita: Lob der Vollkommenheit

Diese Predigten sind in mehreren Bänden zusammengefaßt, von denen einige einen beträchtlichen Umfang besitzen (der wichtigste enthält 8000 Verse).

Die Verfasser sind uns nicht bekannt. Der Legende nach soll es sich tatsächlich um Lehren handeln, die Buddha persönlich an einige auserwählte Schüler weitergab (Ananda und Subhuti), aber an dieser direkten Übergabe kann man natürlich zweifeln (die Begründer des Mahayana legten Wert auf eine gewisse ursprüngliche Authentizität gegenüber ihren hinayanistischen »Konkurrenten«).

Ehe wir die beiden Hauptprinzipien der Lehre (Mitleid und Leere) betrachten, muß zunächst noch hervorgehoben werden, daß die Prajnaparamita die Gesamtheit der chinesischen und tibetanischen Religionspraktiken befruchtet und nährt, gleichgültig, ob sie liturgisch oder lediglich kontemplativ ausgerichtet sind.

Der tibetanische, chinesische und japanische Buddhismus entspringt unmittelbar der mahayanistischen Schule.

Die Lehre vom Mitleid und den Bodhisattvas

Der Buddhismus des klassischen Zeitalters (die ersten fünf Jahrhunderte vor unserer Zeitrechnung) gab dem Begriff des **Arhat** den Vorzug, den man mit Weiser, Heiliger, Asket oder Yogi übersetzen könnte.

Diese suchten nach ihrer »Zufluchtnahme« (in Buddha, im Dharma, im Sangha) die Befreiung im Nirwana (der geistigen Erlösung vom Leiden). Aber diese Suche blieb sehr individuell, die innere Vorbereitung (Fasten, Kasteiung, Meditation, Abstinenz, strenge Diät) zielte unbestreitbar darauf ab, eine »personalisierte« Form der Weisheit zu erringen.

Ohne daß man bezüglich der Arhats von einem spirituellen Individualismus sprechen könnte, muß man sich trotzdem darüber im klaren sein, daß die Nächstenliebe den geringsten Stellenwert besaß (worin sie vollkommen mit der hinduistischen Tradition übereinstimmen, vgl. das Buch dazu in dieser Reihe).

Das Mahayana unterscheidet sich von diesem Weg grundsätzlich, indem es die Notwendigkeit des Mitleids postuliert und den Begriff des Bodhisattva geschaffen hat.

Der Mahayanist muß außer den buddhistischen Gelübden den Schwur ablegen, das Seelenheil nicht nur für sich selbst zu suchen, sondern auch für das Wohl aller Lebewesen einzutreten, und er verpflichtet sich, so lange wiedergeboren zu werden, bis die ganze Menschheit das Nirwana erreicht hat.

Gemäß dieser Sichtweise ist die Überlegenheit des Bodhisattva über den Arhat unbestreitbar und schafft eine besondere Form der Mystik, in der Selbsthingabe, Großherzigkeit, Güte und Mitleid über die Askese und die einsam ausgeübte Disziplin dominieren.

Das Mahayana entwickelt sich zugunsten der leidenden Menschheit. Seine Anhänger schufen nach und nach ihren eigenen Götterhimmel, den gütige Bodhisattvas bevölkerten, die empfänglich waren für das Unglück der Gläubigen und ohne Unterlaß ihre Gnade verströmen ließen.

Der Bodhisattva steht am Ursprung eines eifrigen weltlichen Kults. Der leere Himmel des früheren Buddhismus wird von Abertausenden von Heiligen »überschwemmt« und ständig gerühmt und verherrlicht durch kultische Handlungen und Opfer.

Der Buddhismus war traditionell den klösterlichen Gemeinschaften und »Arhats« vorbehalten, die sich von allem weltlichen Blendwerk losgesagt hatten. Dank des Mahayana ist die buddhistische Botschaft von nun an allen zugänglich, gleichgültig, welche Hindernisse ihnen den Zugang erschweren mögen.

Der Bodhisattva trägt stark zur Verweltlichung einer ursprünglich elitären Lehre bei.

Die weltliche Unterwerfung unter den Kult der Bodhisattvas mußte unvermeidlich zu einem Erblühen von Mythen, Legenden und Volkssagen führen.

Jedes vom Buddhismus eroberte Land oder jede Religion sollte in der Folgezeit durch seine Kultur und durch seinen besonderen Charakter zur Bereicherung der Lehre der Bodhisattvas beitragen.

Deshalb tragen die vier wichtigsten Bodhisattvas des Mahayana – Maitreya, Avalokitesvara, Manjusri, Amitabha – in Indien, Tibet, China und Japan jeweils besondere Merkmale und unterschiedliche, für die örtliche Kultur bezeichnende Charakteristika.

Man könnte dieses Phänomen mit dem der abendländischen Heiligen vergleichen, denen man die Eigenschaften zuspricht, die einst die lokalen Gottheiten besaßen, ohne daß sie deshalb ihre spirituelle Einzigartigkeit verlören.

Die Bodhisattvas als Retter darzustellen, denen die Gläubigen einen alles andere ausschließenden Kult verdanken, hieße, Gefahr zu laufen, die tatsächliche Tragweite der ursprünglichen buddhistischen Botschaft zu verkleinern, abzuschwächen und zu mildern, ja wenn nicht sogar zu verfälschen.

Obgleich das Mahayana die Notwendigkeit des Mitleids predigt, vermeidet es doch die Fallstricke des Gekünstelten oder der Sentimentalität, indem es dank seiner Gelehrten und Philosophen eine außergewöhnliche, theoretisch fundierte Wissenschaft entwickelt hat.

Das Mahayana bereichert das buddhistische Weltbild auf beträchtliche Weise, indem es die Grundidee der Unbeständigkeit oder Anatta (alle Dinge sind leer vom »Selbst«) vertieft.

Aus dieser gründlichen Forschung, die in der Geschichte in der Tat eine Ausnahmestellung einnimmt, muß sich die Vorstellung von der universellen Leere (Shunyata) entwickelt haben, deren Auswirkungen für das gesamte indische Denken entscheidend waren, gleichgültig, ob es buddhistisch oder hinduistisch war.

DIE UNIVERSELLE LEERE

Ebenso wie der Bodhisattva als Archetypus, als zentrale Figur des Mahayana betrachtet werden muß, ist auch die universelle Leere das wichtigste Prinzip der gesamten Metaphysik des Großen Fahrzeugs.

Der klassische Buddhismus lehrte im Gegensatz zu allen seinen Verleumdern, die noch immer vor der These eines individuellen »Selbst« »in die Knie gingen«, daß die Gesamtheit der Phänomene (Dinge und Gedanken) ohne eigene Substanz sei.

Die mahayanistischen Meister übersteigerten diesen Begriff, indem sie das Konzept der universellen Leere oder Shunyata einführten.

Dieses Konzept erlebte einen außergewöhnlichen Aufschwung und durchlief während der Jahrhunderte unzählige Variationen, die mehr oder weniger geglückt waren und deren letzte Schlußfolgerung eine Philosophie der absoluten Verneinung war (die man nicht mit irgendeiner Form von Nihilismus gleichsetzen darf, da der spirituelle Gegenpol genügend positive Elemente liefert).

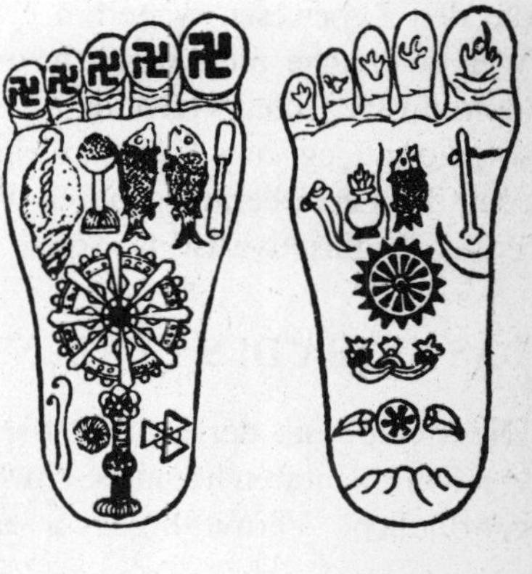

Fußabdrücke Buddhas

Nach Meinung der Philosophen und Weisen des Mahayana sind sowohl die sichtbaren Phänomene als auch die Noumena (die gedachten Begriffe und Gedanken) ohne eigene Realität (Svabhava) und sind in eine schrankenlose Leere eingetaucht.

Da alles leer ist, unterschiedslos aus der Unbeständigkeit geboren und wieder in sie eingetaucht, ergibt sich daraus logischerweise eine Wesensgleichheit zwischen Samsara (der Welt der Erscheinungen) und Nirwana (der inneren Befreiung von eben diesen Erscheinungen).

Die sichtbare, durch Sinne und Geist wahrnehmbare Materie unterscheidet sich nicht wirklich vom spirituellen Verschwinden oder Verlöschen dieser vorübergehenden Phänomene; auch sie haben die Eigenschaften der universellen Leere.

Nirwana und Samsara sind gleichfalls von Natur aus leer. Diese lapidare Schlußfolgerung sollte das gesamte konzeptionelle indische Denken revolutionieren.

Das Verständnis der Leere unterhöhlt die Scheinsicherheiten, unterläuft die Gemeinplätze und erworbenen Begrifflichkeiten. Es verunsichert den von abwegigen und lügnerischen Gedanken festzementierten Geist. Der Bodhisattva selbst kann nicht mehr auf sinnentleerte, vorgegaukelte Wahrheiten zurückgreifen. Die Leere, oder besser gesagt, deren subjektive Wahrnehmung, trägt auf diese Weise zur totalen Hingabe seiner Persönlichkeit bei.

In der Tat könnte das Mitleid bei einer dualistischen Sicht, die den Lebewesen weiterhin einen autonomen, besonderen Wert zuspräche, nicht wirklich zur Anwendung kommen. Man kann im Gegenteil sagen, daß Liebe, Freundlichkeit und Fürsorge ohne jegliches Kalkül, vielmehr spontan aus der Erfahrung der Leere heraus geboren werden.

Der Bodhisattva ist die Sonne der Leere ...

DAS SUTRA DES HERZENS

Die Metaphysik der Leere hat selbstverständlich eine Unzahl von Kommentaren heraufbeschworen. Es wurden sogar außergewöhnliche Vermutungen angestellt, aber ein sehr kurzes

Sutra aus der Prajnaparamita resümiert mit bewundernswerter Knappheit diese entscheidende Entdeckung des Unaussprechlichen, die den Gelehrten des Mahayana gelungen ist.

Das Sutra des Herzens wird jeden Tag von den tibetanischen und japanischen (vormals chinesischen) buddhistischen Mönchen rezitiert, ehe sie sich an ihre rituellen Übungen machen.

Es soll hier erläutert werden, da es das unzerstörbare Kernstück der Lehre bildet, den Mittelpunkt, um den sich das große Rad des buddhistischen Gesetzes (Dharma) dreht.

Der Originaltext in Sanskrit, der den Gläubigen später zum Gebrauch übersetzt wurde, lautet folgendermaßen:

»GATE GATE PARAGATE PARASAMGATE BODHI SVAHA!«

Was bedeuten diese Worte im einzelnen?

GATE: wörtlich »gegangen«. Dieses Sutra ist in gewisser Weise sowohl eine Art Zeugnis als auch eine Einladung; Zeugnis einer gemachten Erfahrung, der Erfahrung aller lebend Befreiten; Einladung an alle diejenigen, die das Glück haben, sie zu hören und ihr Folge zu leisten, um diese unermeßliche Freude zu teilen.

Dieses erste Wort wird im allgemeinen mit der folgenden spirituellen Wahrnehmung in Verbindung gebracht: »Die Form ist die Leere.« Von dem Moment an, in dem wir uns von unseren Emotionen, Leidenschaften und Begierden freimachen, die die Ursache unausbleiblicher psychischer Störungen bilden, werden die Dinge, die äußeren Formen, ihrer Substanz entleert und der Affekte beraubt, die sie nähren. Sie lösen sich in der Leere auf.

GATE: Die Wiederholung legt nahe, daß nun »die Leere die Form ist«. Nachdem die Leere bereits vorhergeahnt wurde, könnten wir in der Tat dazu tendieren, den Begriff der Leere in ein Gedankengebäude einzufügen, wobei sich die Leere nicht von der Form unterscheidet. Das Shunyata ist eine Erfahrung des Seins, die nichts mit dem »Nichts« der existentialistischen Philosophen gemein hat. Man kann durchaus in der Leere leben und sich an die äußeren Erscheinungen gewöhnen, so wie sie sich darstellen.

PARAGATE: wörtlich »darüber hinaus gegangen«. Sobald wir den Schleier gelüftet haben, der die Phänomene im Dunkeln beläßt, und ihre grundlegende Irrealität wahrgenommen haben, gelangen wir zu einer neuen und natürlichen Wahrnehmung dieser Phänomene: »Die Form ist die Form«.

PARASAMGATE: wörtlich: »vollkommen entblößt, ausgesetzt«. Erweckt inmitten des Undifferenzierten, identifizieren wir uns selbstredend mit dem höchsten Subjekt. Wir haben endgültig aufgehört, die Dinge in einer Subjekt-Objekt-Beziehung zu objektivieren: »Die Leere ist die Leere.«

BODHI: wörtlich: »erweckt«. Wir verbergen uns nicht länger hinter Masken. Selbst wenn die Erscheinungen ständig wechseln wie die Figuren eines Kaleidoskops, kann uns dies nicht weiter stören. Wir sind erwacht inmitten einer unveränderlichen Identität von Seele und Geist.

Nichts kann die Tiefe unseres Seins erschüttern, das so klein ist wie ein Sandkorn und so unermeßlich weit wie das All.

SVAHA: »Gegrüßt!« Dies ist kein Abschiedswort, sondern eine freundliche Anrede, eine Botschaft der Hoffnung: »Kommt zu uns ans andere Ufer«, wo die Wahrheit sich nicht von den Illusionen unterscheidet, wo das aus der Begierde geborene Leiden endlich sein Ende gefunden hat ...

»GEGANGEN GEGANGEN DARÜBER HINAUS GEGANGEN VOLLKOMMEN OFFEN ERLEUCHTET GEGRÜSST!«

Die Buddhisten meditieren ohne Unterlaß über dieses außergewöhnliche Sutra, dessen suggestive Kraft für den Geist bestimmend ist, der noch immer seinen Projektionen verhaftet bleibt. Es zielt unmittelbar auf die höchste Wirklichkeit ab und führt geradewegs zur befreienden Erfahrung der Leere.

Außer Mitleid und Leere hat das Mahayana zur Entwicklung unübertrefflicher Methoden beigetragen, die das für das buddhistische Denken ausschlaggebende theoretische Rüstzeug bilden. Im folgenden sollen einige wichtige Gesichtspunkte der Lehre vorgestellt werden.

Die Drei Göttlichen Körper

Die Mahayanisten haben sich seit jeher Gedanken über die wahre Natur des »Körpers« eines Buddhas oder eines Erleuchteten gemacht. Einige von ihnen kamen sehr bald zu der Schlußfolgerung, daß Buddha keine körperliche Gestalt annahm, sondern sich in verschiedener Form materialisierte.

Seine Erscheinung könnte man im übertragenen Sinn mit dem photographischen Verfahren der Relief-Holographie vergleichen ...

Der Begriff der Göttlichen Drei Körper oder Trikaya wird seitdem von den Buddhisten gebraucht, insbesondere von den Tibetern, die sich auf wunderbare Weise in ihren der Belehrung dienenden Bilddarstellungen der Mandalas davon inspirieren ließen.

- Dharma-Kaya oder der Körper des Gesetzes: das ursprüngliche immaterielle Wesen.
- Sambhoga-Kaya oder der Himmlische Körper: Zwischenstadium der Offenbarung, dessen Wahrnehmung hauptsächlich von der meditativen Intuition abhängig ist.
- Nirmana-Kaya oder der Körper der Inkarnation: das was wir in Gegenwart eines Erleuchteten »sehen« oder vorherahnen.

Die Identität von Nirwana und Samsara

Wir haben es bereits betont: Die Erscheinungen und die Befreiung von diesen selben Erscheinungen sind ein und dasselbe. Sie sind in alle Ewigkeit leer, gehen aus der Leere hervor und kehren wieder zu ihr zurück. Aber diese Identität kann nicht einfach nur als Gedankenspiel vollzogen werden, sondern muß voll und ganz gelebt werden. Die Welt ist nichts anderes als die vorübergehende Materialisierung eines Traums, der schnell erlischt (Nirwana heißt soviel wie Erlöschen).

Die Erscheinungen sind ihrem Wesen nach leer. Es gibt nichts, dem man entfliehen könnte, und keine Sicherheit, zu der man Zuflucht nehmen könnte, nichts zu verlieren und nichts zu gewinnen. Das Erzeugen und das Einstellen der Gedanken bilden gleichzeitig das Wesen der geistigen Befreiung.

Zeit und Raum

Sobald wir den Illusionen des Samsara anhängen, beginnen auch Zeit und Raum für uns zu existieren.

Die Zeit (Vergangenheit–Gegenwart–Zukunft) hängt von der Vorstellung eines instabilen, den äußeren Bedingungen unterworfenen »Ich« ab, das sich von den Phänomenen unterscheidet. Ähnlich verhält es sich mit dem Raum, sobald wir unsere Wahrnehmungen festhalten, bewerten und für authentisch befinden.

Das Wesen des Geistes

Die Wahrheit kann niemals zum Gegenstand der Betrachtung werden. Sie bemüht sich vielmehr um uns und lädt uns dazu ein, das zu werden, was wir eigentlich sind.

Weisheit (Prajna) und Unwissenheit (Avidya)

Die Unwissenheit unterscheidet sich nicht vom logischen Denken. Unvermeidlich führt sie zum Auftreten des Machtwillens, der in der Unterwerfung der Lebewesen und der Natur seinen Ausdruck findet. Die Unwissenheit ist festgeschrieben. Der Glaube an die Realität illusorischer Erscheinungen ist von einer allgemeinen schweigenden Übereinkunft abhängig. Voll Nachsicht fügen wir uns der Erschaffung einer absurden Welt, die in Unkenntnis unserer fundamentalsten Wahrheit errichtet wurde.

Die Dinge sind nur deshalb so, weil wir – mehr oder weniger freiwillig – zugestimmt haben, daß sie so sind.

Weisheit läßt sich nicht erlernen, sie entsteht von selbst.

Das nur auf den Nutzen ausgerichtete Weltbild entstammt den furchtbaren Auswüchsen der »Kenntnisse«, die aus Unwissenheit angehäuft wurden.

Der Buddhismus widersetzt sich der schamlosen Ausbeutung der Natur sowie der Vernichtung des Menschen. Dies geschieht jedoch nicht durch Berufung auf Dogmen oder eine wortreiche Theorie. Seine »Schlußfolgerungen« rühren von der Erfahrung der Weisheit her, ganz im Gegensatz zu den höchst zweifelhaften Bestrebungen von Politikern und Wissenschaftlern, die allesamt dem finsteren »Tyrannen« (dem einmaligen und individuellen »Ich«) huldigen.

C) NAGARJUNA UND DIE SCHULE DES MADHYAMIKA ODER SHUNYAVADA

Nagarjuna ist der Begründer der mahayanistischen Schule des Madhyamika oder »Schule der Mitte«, die nicht nur im buddhistischen Denken ein großes Echo fand, sondern auch in der gesamten indischen Metaphysik (ihr Einfluß auf Shankara und Vedanta wird heutzutage von zahlreichen Forschern anerkannt).

Geboren im II. oder III. Jahrhundert unserer Zeit, revolutioniert Nagarjuna die theoretischen Grundlagen des Buddhismus von Grund auf. Er begnügt sich nicht damit, den Begriff der universellen Leere zu vertiefen, sondern löst dank seiner außergewöhnlichen dialektischen Begabung alle Widersprüche und erhärtet durch seine Logik die Gleichheit der Gegenteile (die berühmte »coincidentia oppositorium« der christlichen Gelehrten des Mittelalters, Meister Eckhart und Nikolaus von Kues).

Sein umfangreiches (leider außerhalb der Universitätsverlage nur spärlich ins Französische übersetztes) Werk wird von einem langen Kommentar in Versform (25.000 Strophen) der Prajnaparamita gekrönt.

Das Madhyamika propagiert einen Mittelweg, der die Spannungen zwischen Realismus (dem Glauben an die Existenz der

Ananda, der Lieblingsschüler Buddhas

Phänomene) und Nihilismus (dem Glauben an das Nichts) beseitigt.

Nagarjuna und seine Schüler begnügen sich nicht damit, dogmatische oder begriffliche Wahrheiten zu verkünden, sondern stützen sich auf eine beobachtende und dialektische Praxis.

Nagarjunas Schule entwickelt eine wirkungsvolle dialektische Wissenschaft, die dazu bestimmt ist, den Geist zu reinigen, intellektuelle Gedankengebäude abzutragen und die Hindernisse abzubauen, die die Wahrnehmung der Wahrheit verschleiern.

Man könnte diese Methode als negativ, wenn nicht – wie einige sagen – zerstörerisch bezeichnen. Um das Wahre zu erkennen, muß man sich vom Falschen befreien.

Nagarjuna baut die begrifflichen Mittel zum Zweck im Denken ab, ohne sich dabei auf eine neue Sicht der »Realität« einzulassen. Er beschränkt sich darauf, den Prozeß der Erscheinungen zu lehren, wobei er sich auf die Methode des systematischen Zweifelns stützt.

Diese Technik beweist jedoch nichts, bleibt also experimentell. Im Gegenteil, sie verweigert sich der Erläuterung ihrer eigenen Argumente, lehnt es ab, sich auf irgendeine Ontologie (Lehre vom Sein) zu beziehen, deren Ursprung im außersprachlichen Bereich liegen soll.

Bei dieser negativen Sichtweise besitzen die Bejahungen und Verneinungen selbst keinerlei autonome Existenz.

Die Theorie von der Leere – Shunyata – wird bis zu ihren äußersten Einschränkungen und Entbehrungen getrieben und selbst in ihren letzten Konsequenzen auf sich genommen.

Nachdem er festgestellt und dargelegt hatte, daß die Sprache ohnmächtig ist, wenn es darum geht, die Wahrheit zu bezeugen, bemühte sich Nagarjuna mit Hilfe der Dialektik die von der gefälligen logischen Rede gefangengehaltenen Energien zu befreien.

Das Madhyamika entkräftet die fundamentalen Themen des klassischen Buddhismus. Die Leere impliziert die Zerstörung traditionell miteinander verknüpfter Gegensatzpaare.

- weder Aufhebung noch Erzeugung von irgendeiner Sache
- weder Vernichtung noch Ewigkeit
- weder Einheit noch Vielfalt
- weder Ankunft noch Abschied.

Alles ist leer. Eigentlich gibt es gar keinen passenden Ausdruck dafür. Das Karma (das Gesetz von der Vergeltung der Taten) existiert nicht, denn der Urheber und seine Tat sind gleichfalls Trugbilder, die ihrer eigenen Substanz beraubt sind.

Der Ungebundene besitzt nicht mehr Realität als derjenige, der unfrei erscheint.

Die vier von Buddha persönlich verkündeten Wahrheiten besitzen keinerlei fundamentale Besonderheiten. Folglich ist es ebenso absurd, sie zu erflehen wie sich anzustrengen, sie zu leugnen ...

第九戍博迦尊者

第十半託迦尊者

第十一羅怙羅尊者

第十二那伽犀那尊者

第十三因揭陀尊者

第十四伐那婆斯尊者

第十五阿氏多尊者

第十六注荼半託迦尊者

Nagarjunas destruktive Logik wirft für den orthodoxen Buddhisten einige entscheidende Fragen auf:

– Da zwischen Nirwana und Samsara keinerlei Unterschied besteht, wie kann man dann unterscheiden zwischen dem »Befreiten« und demjenigen, der noch an die Erscheinungen »gebunden« ist?

Das Nirwana ist in Wirklichkeit nichts anderes als eine geistige Hilfskonstruktion, oder wenn man so will, eine Raffinesse des Geistes ...

Man kann natürlich behaupten, daß alles leer ist, aber diese Leere besitzt keinerlei spezifische Substanz. Das Absolute ist seiner geistigen Substanz entleert.

Das Gesetz von der gegenseitigen Hervorbringung (alle Dinge sind miteinander verbunden und bedingen sich gegenseitig), das einst von Buddha gelehrt wurde, wird von Nagarjuna mit der Leere der eigenen Substanz gleichgesetzt.

Das Nirwana und die wahre Natur der Dinge haben denselben Ursprung.

Indem er sich weigert, ein theoretisches System zu begründen, erneuert Nagarjuna das buddhistische Erbe, das Gefahr lief, als religiöse Überzeugung oder als mehr oder weniger ausgeprägter Götzendienst vorsichhinzudämmern.

Da das Madhyamika darauf bedacht war, den Ast der Pseudo-Sicherheiten zu durchsägen, auf dem die traditionelle Lehre schlummerte, gelang es ihm, neues, belebendes Blut in die pädagogische Praxis des Buddhismus einzubringen.

Durch die Einführung des systematischen Zweifels mit Hilfe seiner negativen Methode begründete Nagarjuna eine sinnentleerte, unqualifizierbare und vom Verstand nicht erfaßbare Spiritualität, die dazu neigte, Wahrheiten festzuschreiben und dadurch zu entstellen.

Die Schule Nagarjunas erlebte auf Anhieb großen Erfolg. Klöster und Universitäten zur Überlieferung des Madhyamika wurden gegründet, (vor allem das berühmte Zentrum von Nalanda in Nordindien, wo bald darauf die »konkurrierende« Schule des Vijnanavada erblühte).

Trotz seines strengen unnahbaren Äußeren und seiner rigorosen Philosophie versäumte es Nagarjuna nie, sich an die Hauptprinzipien des Buddhismus zu halten, und legte Zeugnis ab von einer bewundernswerten Humanität.

Die große Metaphysik stand niemals im Widerspruch zu den unumstößlichen ethischen Motiven.

In seinem »Freundschaftlichen Brief an einen Prinzen« lehrt Nagarjuna die non-duale Meditation, predigt aber gleichzeitig Hingabe, Geduld und Fürsorge und warnt seinen Leser vor den acht Todsünden.

Wie alle wahren Buddhisten hat Nagarjuna nie die wichtige Forderung nach dem Mitleid mit allen Lebewesen aus den Augen verloren. Seine Lehre von der universellen Leere erlaubte ihm die Behauptung, daß die Weisen niemals um ihrer selbst willen meditieren, sondern die durch die Praxis der Meditation erworbenen Fähigkeiten in den Dienst der ganzen Menschheit stellen.

Diese dialektische Methode hat nichtsdestotrotz einige Nachteile, da der Philosoph Gefahr läuft, sich in den meandrischen Windungen seines Denkens abzukapseln. Es war dringend geboten, die Begriffe dieser Logik wieder auf eine bestimmte Stufe anzuheben, da sie ins Leere zu laufen drohten.

D) DIE SCHULE DES YOGACARA ODER VIJNANAVADA

Die Schule des Vijnanavada, derer, »die den Idealismus lehren«, oder auch »Sekte, die nur an den Geist glaubt«, hat sich im Verlauf zweier Zeitabschnitte entwickelt, die von relativ widersprüchlichen theoretischen Hypothesen gekennzeichnet waren.

Die erste, vom Denken Asvagoshas (I. Jahrhundert) beherrschte Epoche widerspricht in einigen Punkten den Schlußfolgerungen Nagarjunas, während die zweite Epoche unter dem Einfluß von Asanga (IV. Jahrhundert) zu beider Synthese führte.

Das Madhyamika betonte die Nicht-Substantialität aller Begriffe und durchkreuzte somit schlagartig jegliche Vorstellung von einem dauerhaften autonomen Prinzip (Atman), während das erste Vijnanavada die Tendenz zeigte, die Umrisse eines als höchste Wirklichkeit angestrebten Bewußtseins hervorzuheben (Cittamatrata).

Asvaghosa schuf damals den Begriff des Tathata, der nur schwerlich mit »die Tatsache, ein solcher zu sein«, übersetzbar ist, womit die Substanz des Seins gemeint ist.

Buddha ist das Tathata, »derjenige, der ein solcher geworden ist«, »derjenige, der das Tathata verwirklicht hat«.

Man muß sich klarmachen, daß dieser Begriff notwendigerweise eine Art positiven Charakter ausdrückte, eine unleugbare Form des Absoluten, und somit unannehmbar war für die Verfechter des Prinzips der Leere, die jegliche ontologische Begründung ablehnten.

Die Anhänger des Vijnanavada mußten daraufhin die Beziehungen zwischen diesem unvereinbaren Absoluten (Tathata) und dem individuellen Bewußtsein herstellen. Letzteres, das auch »Speicherbewußtsein« (Alaya-Vijnana) genannt wird, schwankt zwischen zwei entgegengesetzten Möglichkeiten:

- Es bleibt in der Unwissenheit seines Grundwesens verhaftet, verschmilzt auf diese Weise mit der Gesamtheit der psychologischen Erscheinungen (Wünsche, Leidenschaften, Begierde, Abscheu) und erklärt die Existenz einer »realen« Welt für gültig, die von früheren Konditionierungen, Umwelteinflüssen, von Erziehung und Kultur (Vasana) erzeugt wird.
- Es erhält mit Hilfe der Intuition Zugang zu seiner tiefsten Wahrheit und erkennt plötzlich, daß diese äußeren oder inneren Erscheinungen (dies ist die Erleuchtung oder das Satori im Zen) sich nicht vom Absoluten (Tathata) unterscheiden.

Die Gelehrten des Vijnanavada bezeugten diese beiden Aspekte des Seins, die gleichzeitig auf beiden Ebenen zutagetreten (sowohl auf der Erfahrungsebene als auch auf der absoluten), durch die Einführung des Begriffs »**Parfumage**« in gekonnter Weise.

Die Unwissenheit (Avidya) ist mit der Aura des Absoluten versehen (Tathata), und letzteres ist gleichzeitig mit der Aura der an die Unwissenheit gebundenen Erscheinungen versehen.

Nur eine reife Form der non-dualen Meditation, die aus der Zerstörung des Subjekts und des Objekts entstanden ist, kann durch eine überwältigende Intuition die gegenseitige Durchdringung dieser beiden Bewußtseinsebenen erkennen. Solange wir das wahre Wesen dieser Erscheinungen nicht erfaßt haben, kann die Unwissenheit (Avidya) nicht in einen »absoluten Wert« verwandelt werden.

Einige hundert Jahre später zerstörte Asanga (Mitte des IV. Jahrhunderts) diese willkürliche Konstruktion.

In einem bewunderungswürdigen Text, dem Lankavatarasutra (Abstieg in Ceylon), der ursprünglich verfaßt worden war, um die Thesen des Advaita-Vedanta (vgl. dazu das Buch in dieser Reihe) zu widerlegen, behauptet und beweist er, daß das »Speicherbewußtsein« im Gegensatz zur Meinung Asvaghosas ohne jegliche Verbindung zum Absoluten (oder dem davon geprägten Begriff ist).

Da das Absolute seinem Wesen nach der Leere verwandt ist, kann es nicht objektiviert werden, das Wesen an sich des Tathata und die Leere (Shunyata) sind identisch.

Da Asanga jede Art von Beziehung zwischen dem Sammelpunkt des Bewußtseins und dem Absoluten verneinte, schwächte er jegliche idealistische Projektion sowie die objektive Erkenntnis.

Das Sein kann nicht wahrgenommen werden. Das Universum verbindet sich mit einer beständigen Tätigkeit des Verstandes, die trügerisch ist, sozusagen magisch und ohne jedes ontologische Fundament.

Diese lapidare Schlußfolgerung impliziert die Ablehnung der Theorie und die Notwendigkeit der Meditation ohne vorgefaßte Vorstellung, ohne ein mehr oder weniger metaphysisches Ziel, das vorher festgelegt wurde.

Die Erleuchtung (Bodhi), das Sein im Jetzt (Tathata) und die Leere (Shunyata) sind einander in der letzten Erfahrung, in der Verwirklichung des wahren Wesens ebenbürtig.

Diese Form des »radikalen« Buddhismus sollte in China die Oberhand gewinnen in der Schule des Ch'an (auf japanisch Zen). Ihr Begründer Bodhidharma übersetzte das Lankavatarasutra, das zum Gegenstand der komplizierten chinesischen Theorie wurde ...

KAPITEL II

Der chinesische Buddhismus

Die Han-Epoche – Die Epoche der Drei Königreiche – Die Dynastien des Südens und des Nordens – Die T'ang-Epoche

Die Han-Epoche (I. und II. Jahrhundert)

Zu Beginn unseres Zeitalters ist China zum ersten Mal in seiner Geschichte mit einer Philosophie und einer Religion konfrontiert, die seiner eigenen Tradition fremd sind. Der Buddhismus kann nur schwer in der chinesischen Gesellschaft Fuß fassen. Den indischen Missionaren, die auf der Seidenstraße gekommen sind, gelingt es nicht, sich zu integrieren, und sie bilden mehr oder weniger Gemeinschaften am Rande.

Die Epoche der Drei Königreiche (220 bis 280)

In der Folge politischer und religiöser Unruhen werden die von den ersten buddhistischen Mönchen propagierten Ideen allmählich von den chinesischen »Intellektuellen« wahrgenommen. Der über weite Strecken vorherrschende orthodoxe Konfuzianismus gerät in Bedrängnis und verliert zugunsten einer unerwarteten Wiederauferstehung der taoistischen Philosophie an Boden (vgl. dazu das Buch in dieser Reihe).

Eine Übersetzung der Prajnaparamita ruft Kommentare der taoistischen Gelehrten hervor, die nicht zögern, ihre eigene Terminologie mit der buddhistischen Gnosis in Verbindung zu bringen.

Dies ist der Fall, was das Nicht-Handeln, das Nirwana sowie den Tao und das Dharma angeht. Zu dieser Zeit erscheint auch die erste wirklich chinesische Abhandlung, die dem Buddhismus gewidmet ist: Das Meou-Tseu oder »Erhabene Zweifel«.

Die Dynastien des Südens und des Nordens (256 bis 589)

Der konfuzianistische Staat zwang unter der Zuchtrute einer Handvoll Gelehrter allem seine politische und religiöse Norm auf. Dieser administrative Zwang ließ jedoch immer mehr nach ...

China ist »zweigeteilt«: Die Barbaren kontrollieren den Norden (304–580), während die »nationalen Dynastien« die Autonomie des Südens aufrechterhalten (317 bis 589).

Die Kontakte zu Indien nehmen immer mehr zu. Ströme von chinesischen Pilgern und indischen Missionaren kreuzen sich auf den Straßen und tauschen Informationen und Manuskripte aus (im XI. Jahrhundert wird fast die Gesamtheit der buddhistischen Schriften übersetzt).

Die Verbreitung der buddhistischen »Ideen« erschüttert das chinesische Denken, das sich zum Nachsehen der Konfuzianisten von den Lehren Gautamas und seiner Nachfolger in den Bann ziehen läßt, von Grund auf ...

Von den eifrigsten buddhistischen Missionaren, deren Übersetzungen und eigene Werke die Entwicklung der chinesischen Theorie der Metaphysik am nachhaltigsten beeinflussen sollten, sind vor allem folgende zu erwähnen:

Tao-Cheng (365–434) und Houei-Yan (344–416): Sie »setzten« das indische Dhyana (die buddhistische Meditation) »durch«: Jeder kann dank der Erweckung seines eigenen Wesens (Bodhi) zum Buddha werden. Dieser spirituelle Keim reifte auf chinesischem Territorium, ehe er Jahrhunderte später in der Schule der T'ang ersprießen und sich entfalten sollte.

Kumarajiva (344–413): Er war der Übersetzer des Madhyamika von Nagarjuna (siehe S. 49–55) und eröffnete einen furchtbaren metaphysischen Dialog mit den taoistischen Denkern.

Der Dichter Sie Ling-Yun (385–433): Er war einer der ersten, die die tiefe Übereinstimmung zwischen der pragmatischen chinesischen Mentalität, einem Erbe der Taoisten, und der subitistischen Lehre (das intuitive Erfassen der höchsten Wirklichkeit) vorausahnten und verifizierten.

Paramartha (500–569): Dieser indische Missionar erreichte im Jahr 546 Kanton. Er verbreitete die wichtigen Schriften der Schule des Vijnanavada, die von Asanga und Vasubandhu begründet worden war und deren Einfluß auf die Lehre des Ch'an von entscheidender Bedeutung sein sollte (siehe zweiter Teil).

Bodhidharma: Er gilt bei den Zenisten als der eigentliche Begründer der Sekte (siehe dritter Teil). Er soll angeblich unter der

Herrschaft des Kaisers Weou des Lang (502–549) nach China gekommen sein. Letzterer, der zum Buddhismus übergetreten war, versammelte riesige Menschenmassen vor seinem Palast, damit sie den Predigten der Mönche beiwohnten.

Die buddhistische Kirche hörte nicht auf, sich ständig weiter im ganzen Land zu verbreiten: Dieser bereits seit langem anhaltende Erfolg war dem von den Konfuzianisten geführten Staat ein Dorn im Auge, da letztere unter der administrativen und finanziellen Unabhängigkeit der Klöster litten.

Die Gelehrten, die tief vom Buddhismus betroffen, aber gleichzeitig auch von der Wiedererneuerung der taoistischen Theorie in Anspruch genommen waren, zogen sich zurück, studierten die Geheimnisse des Kosmos und der Natur und frequentierten eifrig die Eremiten und buddhistischen Mönche.

Der Ch'an entwickelte seine Wurzeln und Verzweigungen in diesem fruchtbaren geistigen und metaphysischen Klima. Die

Buddhistischer Priester

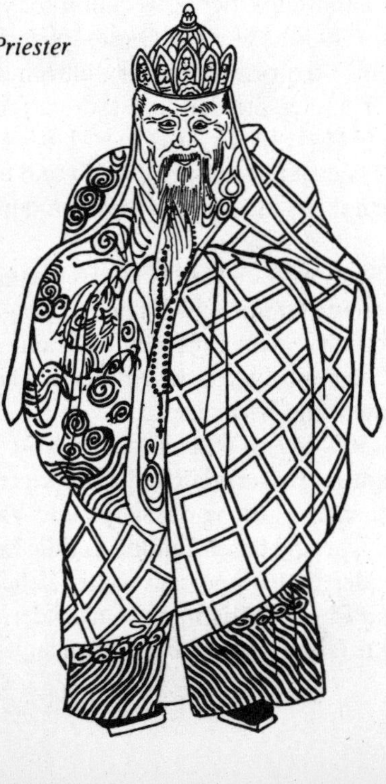

taoistische Gnosis übernahm Theorien des Madhyamika und des Vijnanavada. Die von Laotse und Tchang-Tse bislang entwickelten Vorstellungen (siehe das Buch dazu in dieser Reihe) fügten sich »auf natürliche Weise« in die von den indischen Missionaren und den ersten chinesischen Anhängern eröffnete spirituelle Perspektive ein.

Die T'ang-Epoche (618–907)

589 wurde China unter der Herrschaft der Souei, die bald von den T'ang abgelöst werden sollten, wiedervereinigt.

Im Laufe dieser langen Periode, die von allen Historikern als eine der fruchtbarsten angesehen wird, die die Chinesen je erlebt haben, erfuhr der Buddhismus seinen Höhepunkt.

Die Übersetzungen der Schriften wurden von dem Pilger Hiuan-Tsang (602–664) vervollständigt, der mehr als 600 Manuskripte in sein Land brachte und am Kaiserhof (645) als Held galt. Sein persönliches Werk, das allein der Erläuterung der traditionellen Schriften gewidmet war, ist von unschätzbarem Wert.

Der durch die Politik der T'ang-Kaiser unterstützte chinesische Buddhismus war nun nur mehr bei einigen Beamten umstritten, die treue Anhänger des Konfuzianismus waren (sie sollten sich während der großen Ächtung von 840 rächen).

Ein Siebengestirn konkurrierender Schulen und Sekten stritt sich je nach ihrer eigenen Ausrichtung um die Verbreitung der buddhistischen Doktrin:

- Zwei davon gehörten dem Buddhismus des sogenannten Kleinen Fahrzeugs an (Hinayana).
- Eine beschränkte sich ausschließlich auf die Anwendung der klösterlichen Regel (Vinayana).
- Vier nahmen die vom Madhyamika und Vijnanavada vererbten metaphysischen Theorien für sich in Anspruch.
- Eine, die sogenannte Sekte des wahren Wortes, lehrte die Mantras, die vom Tantrismus inspirierten magischen Laute (siehe dazu das Buch in dieser Reihe).

- Eine, die sogenannte Sekte der Reinen Erde, rief den Namen Buddhas in Psalmen an (sie setzte sich in Japan unter dem Namen Nembetusu fort, wo sie übrigens populärer ist als der Zen).

Schließlich setzt sich die von dem ungebildeten Mönch Hui-Neng (638–713) gegründete Schule gegen alle anderen Sekten durch, die mehr oder weniger eng dem indischen Buddhismus verbunden waren.

Der Ch'an wendet sich gegen den seiner Ansicht nach falschen höfischen Buddhismus. Er verurteilt die von den verschiedenen klösterlichen Ordensgemeinschaften angehäuften Reichtümer und predigt die Rückkehr zur Natur, zu Armut und Einfachheit (nach dem Muster des Taoismus).

Aber die subitistische Lehre, die von den Meistern des Ch'an vertreten wurde, stieß auf den Widerstand der Anhänger der stufenweisen Methode und konnte erst im Lauf des VIII. Jahrhunderts endgültig die Oberhand gewinnen.

Der Ch'an, der den Boden des theoretischen Diskurses meidet, verlegt sich dafür sogleich auf die Erweckung des eigenen Wesens (Boddhi). Er besteht immerfort auf der unmittelbaren und konkreten Wahrnehmung und verbindet Tat und Wort.

Der Einfluß Huei-Nengs war dabei entscheidend. Unter seinen Fittichen offenbarte der Ch'an zum ersten Mal eine für China authentische Form der buddhistischen Religion.

Zwei Jahrhunderte hindurch gingen die Meister des Ch'an den Weg der plötzlichen Erleuchtung und lehrten dabei ohne Unterlaß eine festverwurzelte Lehre.

Im Jahr 845 wurde der Buddhismus verboten, die Klöster wurden geschlossen, und die Sekten verschwanden eine nach der anderen. Dank seiner Armut und seiner Unabhängigkeit in politischer und administrativer Hinsicht wurde der Ch'an davon verschont.

Er überlebte unter den Song (960–1279), aber seine ursprüngliche Macht stumpfte ab und erfuhr ihren Niedergang in einer ästhetischen Verfälschung. Zu dieser Zeit drang er nach Japan vor.

KAPITEL III

Der japanische Zen-Buddhismus

Das Rinzai – Das Soto

Der Zen-Buddhismus blieb in Japan immer eine Angelegenheit von Minderheiten. Der traditionellen Religion (Shinto) gelang es, seine expansionistischen Bestrebungen einzudämmen.

Zwei Sekten, Rinzai und Soto, haben in hohem Maße zur Lehre und Verbreitung der bislang von den Begründern des Ch'an praktizierten Doktrin beigetragen.

Es gäbe dennoch ein verfälschtes Bild, identifizierte man den japanischen Zen automatisch mit dem chinesischen Ch'an (unglücklicherweise erliegen eine ganze Reihe von Kommentatoren dieser zumindest sehr gewagten Verkürzung ...).

Der Zen hat zwiespältige und manchmal sogar konfliktträchtige Beziehungen zum ursprünglichen Geist. Deshalb wollen wir uns davor hüten, diese Entwicklung zu beurteilen und zu bewerten. In Wirklichkeit handelt es sich weniger um einen Verfall als um eine schleichende kulturelle Vereinnahmung. Man muß den Zen-Anhängern dafür dankbar sein, daß sie das buddhistische Erbe beträchtlich bereichert haben. Außergewöhnlich qualifizierte Lehrer und Künstler haben auf ihre Weise die Substanz dieser Lehre übertragen, die eigentlich schwer ohne Abstriche vermittelbar ist, da sie so sehr von der Eigenheit des chinesischen Landes abhängt.

Das Rinzai

Diese von Myosan Eisai (1145–1215) gegründete Sekte übte die sitzende Meditation (Zazen) und die Auslegung der Koan aus, die einer täglichen Kontrolle durch ein persönliches Gespräch mit einem Meister bedurfte.

Diese im übrigen ausgezeichnete Methode unterliegt der Gefahr, sich in eine Pflichtübung zu verwandeln, in eine experimentelle Schizophrenie, die zumindest, was ihre Anwendung betrifft, weit entfernt ist von ihrem ursprünglichen Ziel.

Eine neue ursprüngliche Religion

Das Soto

Im Unterschied zum Rinzai widmet sich das Soto ausschließlich der Ausübung des Zazen (oder sitzende Meditation), das die Lehre ersetzt (es wurde von Dogen begründet, dem wir mehrere bewunderungswürdige Schriften verdanken): dem *Kukanrazenji* (allgemeine Unterweisungen in der Praxis des Zazen) und dem *Shobogenzo* (Reservoir der Erkenntnis des wahren Dharma).

Unserer Ansicht nach neigt das Soto dazu, die radikale Erfahrung des Ch'an in seiner strengen Zwangsform zu banalisieren.

Diese Erfahrung entspricht zweifellos einer bestimmten Form der japanischen Mentalität, aber den Bedürfnissen der westlichen Menschen angepaßt, tendiert sie dazu, volontaristisch und zwanghaft zu werden, wobei sie oft den unangenehmen Nachgeschmack eines falsch verstandenen jüdischen Christianismus (Gefallen an der Askese, Notwendigkeit des Leidens) aufweist.

Ehe wir diese kurze Einführung in den japanischen Zen beschließen, muß unbedingt noch die starke Persönlichkeit des Mönchs Bankei (1622–1693) und seine Lehre des »Non-Né« erwähnt werden.

Dieser weise Einsiedler, der nie einen Schüler bei sich hatte, prägte durch seine Begeisterung, seine ungekünstelte Glaubwürdigkeit und poetische Reinheit das Denken der ersten chinesischen Patriarchen ...

Unserer Meinung nach (die zweifellos den Thesen der Spezialisten widerspricht) muß man den Ch'an weniger bei den vom Rinzai und Soto »rekrutierten« Mönchen suchen als vielmehr im Leben und Werk einiger Dichter (Basho, Buson, Issa), Maler (der vielgerühmte Sesshu) und Gartenbauer (der anonyme Urheber des Steingartens von Ryonji).

Diese großen Künstler haben intuitiv den Geist getroffen, die unnachahmliche Färbung, die Aura, die fragende Spannung und glückliche Ernsthaftigkeit, die mit dem Ch'an erblühten.

ZWEITER TEIL

Das große Fahrzeug

Das Lankavatara-Sutra – Der Ch'an – Huei-Neng, der letzte Patriarch – Der Zwist zwischen Subitismus und Gradualismus – Das › Nicht-Denken ‹ des Ch'an – Die Umkehr des Denkens

1. DAS LANKAVATARA SUTRA

Wir haben bereits die Schule des Vijnanavada und ihren Begründer in unseren Ausführungen erwähnt. Ehe wir uns der Geschichte des Ch'an nähern, ist es notwendig, kurz das Hauptwerk dieses Autors, das Lankavatara Sutra, zu erwähnen.

»Der Abstieg in Ceylon« liegt zweifellos am Ursprung der »Zen-Philosophie«, zumindest, was die Ausarbeitung ihrer ersten metaphysischen Prämissen angeht.

Es wird ab dem VI. Jahrhundert übersetzt, prägt nachhaltig die Entwicklung der chinesischen buddhistischen Theorie und bringt die Gesamtheit der Gründungsprinzipien des Ch'an zur Geltung.

Abgefaßt in Form eines sehr weitschweifigen Dialogs zwischen Gautama und seinem Schüler Mahamati, hat es das alleinige Ziel, die innere Verwirklichung zu behandeln, die der »Zweck« der buddhistischen Askese ist.

»O Du, Sohn des Jina, befrage mich über alles, wonach zu fragen Dir beliebt. Ich werde Dir über den Zustand meiner inneren Verwirklichung berichten.«

Da der Ch'an die Umwege über das diskursive Denken meidet, steht er von Anfang an in der Perspektive der Erweckung seines eigenen Wesens (Boddhi).

Das Lankavatara Sutra verhilft ihm zum Fundament der Lehre, das ihm bislang gefehlt hat, und erlaubt ihm, sofort zum Kern der höchsten Erfahrung vorzudringen.

Aber worin besteht nun die Erleuchtung?

Es ist unmöglich, das Wesen dieser entscheidenden Erfahrung intellektuell zu begreifen, ohne die metaphysischen Begriffe zu erwähnen, die zur Erarbeitung der Doktrin beigetragen haben.

Diese Begriffe, die dem traditionellen indischen Denken fremd, wenn nicht sogar entgegengesetzt waren, entsprachen dagegen der von den »klassischen« taoistischen Philosophen anvisierten Perspektive (ungefähr fünfhundert Jahre vor unserer Zeitrechnung).

Dank des Beitrags des Lankavatara Sutra konnten der Buddhismus und der Taoismus in einen Dialog eintreten, sich vermischen und durch ihre sowohl pragmatisch als auch intellektuell ausgerichtete Betrachtungsweise aneinander wachsen. Aus dieser gegenseitigen Durchdringung ging der Ch'an hervor.

Aber kommen wir auf den Text zurück.

Wir haben bereits erwähnt, daß sich Gautama zum großen Ärger der Gelehrten des brahmanistischen Gesetzes dagegen wehrte, die Frage nach der Existenz oder Nicht-Existenz einer individuellen Seele (Atman) zu beantworten.

Für die echten Buddhisten ist das menschliche Wesen, oder besser gesagt, die individuelle Persönlichkeit, das Ergebnis einer vorübergehenden Übereinstimmung von fünf Komponenten, die Skandas genannt werden.

Diese Skandas sind unbeständiger Natur und haben keine Eigensubstanz, sondern bilden in ihrer flüchtigen und immer wieder erneuerten Verbindung eine Art inneres Bild, das der Mensch nach Belieben mit seiner eigenen Wahrheit gleichsetzen kann.

Auf diese Weise gefallen wir uns unendlich im flüchtigen Spiel unserer geistigen Tätigkeit, führen ihr ständig neue Nahrung zu und glauben schließlich dauerhaft an ihre trügerische Existenz ...

Für den konsequenten Buddhisten und insbesondere für die Anhänger des Ch'an sind die Skandas – Bestandteile der Persönlichkeit – Gegenstand einer aufmerksamen, distanzierten Beobachtung.

Es ist unmöglich, den Beginn der inneren Erleuchtung vorauszuahnen, ohne vorher genau die fünf Komponenten unserer Pseudo-Persönlichkeit zu erkennen.

1. **Rupa:** Die sensiblen, mit dem zentralen Nervensystem in Verbindung stehenden Gegebenheiten. Dazu gehören Eindrücke, Reaktionen, physiologische Triebe und Reize.
2. **Vedana:** Wir haben die Gewohnheit, unsere Erfahrungen zu beurteilen, indem wir die daraus resultierenden Affekte

in gegensätzlichen Begriffen bewerten, gut–böse, heiß–kalt, etc.
3. **Samjna:** Die in jedem Augenblick stattfindenden geistigen Wahrnehmungen hängen ebenso von der Übung des Gedächtnisses wie von der ausschweifenden Fantasie ab.
4. **Samskara:** Die Gedankengebilde, Gelüste und Abneigungen, sie stehen alle mit der Begierde in Verbindung.
5. **Vijnana:** Das Bewußtsein, das allumfassende Bild, das wir uns nach Belieben von unserer inneren Scheinstabilität machen und das von der Vorstellung, eine autonome Persönlichkeit zu besitzen, genährt wird.

Diese fünf Komponenten, die ständig durch die Herausforderungen des täglichen Lebens genährt werden, bleiben erhalten und erzeugen das falsche Bild der Persönlichkeit, an das wir uns wie Schiffbrüchige klammern.

Mit Hilfe der Meditation (Dhyana) löst der Buddhismus nach und nach diesen Zwang und zerstört das Joch der fünf Skandas, die sich über unser wahres, unkonditioniertes Wesen gelegt haben. Der Geist muß auf jegliche Art von Standpunkt verzichten und aufhören zu bewerten und zu behaupten: »Ich bin dieses, ich bin jenes, ich habe Angst, ich habe Hunger ...«

Nur die Ausübung einer fragenden Wachsamkeit (Smrti), die ohne Unterlaß stattfindet, kann uns schließlich von der psychischen Vergiftung befreien, die durch die Kombination der fünf Skandas hervorgerufen wird.

Diese im Stillen vollzogene Befragung ist unser wahres Wesen. Von dem Moment an, in dem wir uns loslassen und unsere egoistischen Vorrechte aufgeben, stellt sich sofort eine Beruhigung des Geistes ein.

Die Erleuchtung (Buddhi) ist nichts anderes als die Vertiefung dieses Friedens.

Die buddhistische Befreiung kann nicht durch das Denken oder die Begierde erreicht werden. Man kann sagen, daß sie sich auf Kosten des von den fünf Bestandteilen hervorgebrachten Bildes vollzieht.

Die Buddhisten weigern sich, die Erleuchtung zu bewerten,

Worin besteht denn das wahre Verdienst?

sie von der Praxis der Befragung zu trennen oder sie als Gegenstand der sinnlichen Wahrnehmung und der Fantasie zu betrachten.

Unter diesem Blickwinkel erscheint es zudem unerläßlich, die Einordnungen hinter sich zu lassen (Vikalpa). Es geht nicht darum, die Dinge voneinander zu trennen, oder sie durch eine Analyse in einen Gegensatz zueinander zu bringen, sondern sie, im Gegenteil, so zu sehen, wie sie sind, nämlich vorübergehender und flüchtiger Natur.

Solange diese dualistische Tendenz fortbesteht, wird die fragende Aufmerksamkeit erstickt und von Mutmaßungen, Hypothesen und Urteilen unterdrückt, die allesamt unnütz sind.

Das wahre Verständnis liegt jenseits der Verbalisierungen des logischen Denkens. Die höchste und letzte Wahrheit des Seins ist weder objektiv noch subjektiv.

Es ist gleichermaßen absurd, die Realität oder Irrealität der Phänomene zu bejahen oder abzuschwächen, und ebenso falsch, eine Zustimmung oder Ablehnung auf seine Vorurteile zu stützen.

Dieser von Nagarjuna vererbte negative Weg stärkte die taoistischen Anschauungen, die sich über Jahrhunderte hinweg entwickelt hatten.

Durch und durch chinesische Begriffsvorstellungen wie das Wu (»Das ist dort, wo nichts anderes herrscht als die Nützlichkeit eines Rades oder eines Gefäßes«), das Tseu-Jan (»So ist es durch sich selbst«), die sozusagen Synonyme des Tathata darstellen (»Sosein der Dinge«), sowie das Wu-Wei (das »Nicht-Handeln« entspricht ebenfalls der »fragenden Spannung«) fanden im Lankavatara Sutra ihren Widerhall.

Man muß jedoch klarstellen, daß der Ch'an, der begierig war auf jeglichen Pragmatismus und praktische Authentizität, sich sehr rasch von den durch das Lankavatara Sutra vertretenen Thesen abgrenzte. Aber das Denken Asangas gab in diesem Augenblick den Impuls, den »theoretischen« Anstoß, der unerläßlich war für die Entfaltung der echten, auf China zugeschnittenen, buddhistischen Religion. Kraß ausgedrückt, könnte man behaupten, daß die Begründer des Ch'an von der buddhistischen Lehre, wie sie in der Schrift von Asanga dargelegt war, lediglich die Erfahrung der Erleuchtung übernahmen.

Unter diesem Aspekt mußten sie dazu beitragen, die Lehre, die in der Theorie zu versanden drohte, zu stärken, zu dynamisieren und zu beleben (der Sieg der Schule des Südens über die anderen Sekten hat diese Orientierung als richtig erwiesen).

»Nichts anderes als die Erleuchtung« wäre eine ziemlich treffende Formel, um den Zen zu definieren ...

2. DER CH'AN,
von Bodhidharma bis Huei-Neng

»Durch den Kreislauf von Geburt und Wiedergeburt
hindurch bin ich, vergeblich suchend, geeilt,
um denjenigen zu finden, der das Gebäude errichtet hat
Welch Unglück! Ohne Unterlaß geboren zu werden!
O Erbauer! Ich habe dich gefunden!
Nie wieder wirst du dieses Werk erneut vollbringen!
Alle Verzierungen sind nun zerbrochen
Und das spitze Dach liegt zerstört auf dem Boden!
Dieser Geist hat sich der Zerstörung genähert
Und zum Ende allen Begehrens geführt!«

Tausend Jahre trennen diesen herrlichen Siegesgesang, den Buddha nach seiner Erleuchtung ausgesprochen hat, von der Ankunft des Verkünders des Zen, Bodhidharma, in China.

Und dennoch verbindet beide dieselbe Suche und dieselbe Forderung. Bald sollten weitere Siegeshymnen auf chinesischem Gebiet erklingen.

Die Zen-Anhänger wollten sich einer spirituellen Übertragung vom Meister auf den Schüler anschließen, die von Gautama bis zum letzten indischen Patriarchen Bodhidharma reicht. Diese spätere Genealogie ist jedoch mit größter Vorsicht zu betrachten, da sie durch keinerlei historische Dokumente belegt ist.

Gemäß den Schriften wurde der Zen direkt von Buddha, im Lauf einer Versammlung der Kongregation, an seinen Schüler Mahakashyapa weitergegeben.

Gautama zeigte der Versammlung eine Blume, ohne ein Wort dabei zu sprechen, und allein Mahakashyapa verstand die Anspielung und antwortete ihm einfach mit einem Lächeln ...

Diese Anekdote hat, abgesehen davon, ob sie nun wahr ist oder nur Legende, das Verdienst, daß sie sehr genau den nonverbalen Geist des Ch'an, wie er von Bodhidharma geschaffen wurde, zum Ausdruck bringt.

Die »Ahnenforscher« des Buddhismus kommen auf siebenundzwanzig indische Patriarchen, die bis zu Bodhidharma ohne Unterbrechung aufeinander folgten. Letzterer, der Sohn eines Brahmanen, trat zum Buddhismus über und wurde vom Kaiser Wu an den Hof von Nanking gerufen.

Der Bericht über diese Begegnung wurde legendär, denn er hat bereits den lapidaren Tonfall, den Stil und die Lebendigkeit, die den Ruhm der Ch'an-Meister ausmachen sollten.

Der Kaiser, ein eifriger Buddhist, wollte sich bei den indischen Missionaren danach erkundigen, welcher Art seine im Lauf der Jahre erbrachten Verdienste für die Religion seien; Unterstützung für den Lebensunterhalt der Mönche, für Abschriften der Texte und für den Bau von Tempeln und heiligen Stätten.

Bodhidharma wies ihn grob zurecht, indem er erwiderte, daß es bei dieser Sache nichts Rühmenswertes gäbe und daß diese »Verdienste« in Wirklichkeit völlig wertlos seien.

Der verblüffte Kaiser verlangte nach einer Erklärung.

»Das alles sind nichts anderes als unbedeutende Taten der Menschen, und die Götter sind nichts anderes als eine ungreifbare Quelle von Belohnungen, die ihnen folgen, wie der Schatten dem Körper folgt. Und obwohl der Schatten zu existieren scheint, ist er doch nicht wirklich.«

»Worin liegt dann also das wahre Verdienst?«

»Das wahre Verdienst liegt im Verständnis der einen Weisheit, deren Essenz das Schweigen und die Leere sind. Man kann dieses Verdienst jedoch nicht durch weltliche Taten anstreben.«

Dem Kaiser, der immer mehr außer Fassung geriet, gelang es zu erwidern:

»Wie lautet der erste Grundsatz der heiligen Lehre?«

Die Antwort kam wie aus der Pistole geschossen:

»Eine unergründliche Leere und nichts Heiliges!«

Mit seinen Argumenten am Ende, versuchte der Monarch ein letztes Mal dem Weisen zu antworten, wobei er zweifellos hoffte, ihn verwirren zu können.

»Wer steht vor mir?«

»Ich weiß es nicht.«

Und sogleich nahm Bodhidharma vom Kaiser Abschied:

Der Legende nach zog er sich sieben Jahre lang ins Innere einer Höhle zurück, wo er vor einer Wand saß. Vor seinem Tod gab er sein Wissen an seinen ersten Schüler weiter.

Diese Geschichte, gleichgültig, wie groß ihr Wahrheitsgehalt ist, drückt auf perfekte Weise den negativen oder apophatischen Weg aus, der bald das Wesen der Zen-Praxis ausmachte.

Dem Kaiser, der sich damit brüstet, Verdienste anzuhäufen und sich großspurig um das Heilige zu sorgen, entgegnet Bodhidharma, daß diese Vorstellung von Religion absurd sei und zur Verwirrung führe. Solange wir eine Sache wie das »Verdienst« weiterverfolgen, nähren wir die Idee, eine unabhängige eigene Persönlichkeit zu sein.

Als er schließlich aufgefordert wird, sein Wesen zu definieren, weicht Bodhidharma der Frage geschickt aus und gibt vor, nichts zu wissen.

So ist die »Mauer« des Ch'an: eine undurchdringliche Leere, die weder heilig noch profan ist. Der Zen sträubt sich wie ein störrischer Vollblüter vor der zweifelhaften Ausflucht ins Theoretisieren und in die Abstraktion.

Bodhidharma stellte vier wesentliche Prinzipien auf, die die Gesamtheit des späteren »Zen-Denkens« beeinflussen sollten. Sie erlaubten es den Anhängern, alle Klippen des Mitleids und des blinden Glaubens zu umgehen.

- *Eine besondere Übermittlung von Wissen außerhalb der Schriften*
- *Keinerlei Abhängigkeit von Worten und Buchstaben*
- *Sich direkt an den Geist des Menschen richten*
- *Sein eigenes Wesen betrachten und den Zustand eines Buddhas verwirklichen.*

Indem er sich davor hütet, sich auf irgendeinen Text zu stützen, vermeidet der Ch'an die fetischistischen und scholastischen Versuchungen, die gemeinhin das Wesen der Religionen ausmachen. Wieviel Gläubige haben sich nicht schon im Studium und in der Exegese verloren und sich, ihr wahres Wesen vergessend, in mystischen Zaubersprüchen oder im diskursiven Denken verirrt.

沼津
足柄山不二ノ雪
廣重画

播磨　舞子の浜

Nur der Geist des Menschen im Hier und Jetzt ist von Bedeutung – und zwar ohne den trügerischen Schutz der heiligen Schriften.

Durch die Gegenwart eines Weisen verunsichert, versucht die Pseudo-Persönlichkeit oft, ihr Wissen vorzuführen und auf gespeichertes Bücherwissen oder die durch eine eitle Religionsausübung geernteten Lorbeeren zurückzugreifen. Die Meister des Ch'an finden jedoch immer Schwachpunkte heraus und sprechen die Wahrheit aus … Der Geist des Ch'an belastet sich nicht mit Reden oder Predigten, sondern stürzt sich wie ein Raubvogel auf den Zielpunkt, den ein unaufmerksamer Frager, der von seiner armseligen Persönlichkeit ganz eingenommen ist, ihm bietet.

3. HUEI-NENG,
der letzte Patriarch (638–713)

Huei-Neng nimmt in der Geschichte des Zen eine herausragende Stellung ein, nicht nur, weil er der letzte Patriarch der Schule ist (die Meister folgen von nun an in loser Reihenfolge aufeinander), sondern auch, weil er der erste Chinese ist, der die Wahrheit des Ch'an in seiner Muttersprache anschaulich darstellt.

Obwohl es schwierig ist, den Anteil seiner eigenen Predigten (Sutra über das Umherstreifen) von den Beiträgen seines Schülers Chen-Huei abzugrenzen, besiegeln diese Texte den Aufstieg einer neuen und ursprünglichen Religion, die auf chinesische Verhältnisse zugeschnitten und von didaktischen indischen Einflüssen befreit ist.

Die chinesische Leidenschaft für das Konkrete, die faßbare Wahrheit, kann sich schließlich dank Huei-Neng in vollem Umfang entfalten, ohne dabei die wichtigen Grundsätze der Lehre aufzugeben.

Von seiner Mutter in Armut aufgezogen, wird Huei-Neng oft als grober, ungebildeter und ungeschliffener »Barbar« hingestellt (diese »Negativ-Lebensbeschreibung« ist sicher nicht ganz ohne Absicht). Als er eines Tages auf einem Marktplatz Holz verkaufte, hörte er Mönche ein Sutra aufsagen. Von diesen Versen zutiefst berührt, verließ er seine Familie, um in einem geeigneten Kloster Aufnahme zu finden.

So irrte er lange Zeit umher und bot seine Dienste für einen Teller Suppe an. Schließlich traf er auf seinen Meister Hung-Jen, der ihn auf den ersten Blick erkannte, aber aus Angst, seine Schüler vor den Kopf zu stoßen, in die Küche verbannte, wo er sich damit begnügen mußte, den Reis zu stampfen.

Huei-Neng, der mit dieser schwierigen Situation gut zurecht kam, wartete auf seine Stunde, nahm an den Messen teil, wenn man ihn dazu zuließ, und galt aber gleichzeitig in den Augen der Gelehrten als vollkommener Dummkopf ...

Hung-Jen, der sein Ende nahen sah und sich Sorgen um seine Nachfolge machte, beschloß, einen Wettbewerb ins Leben zu rufen, der dazu dienen sollte, den zukünftigen Vorsteher des Klosters zu bestimmen.

Jeder Mönch wurde aufgefordert, eine Gatha zu dichten (einen Spruch in Versform), mit der er sein persönliches Verständnis des Buddhismus zum Ausdruck bringen sollte.

Die Mehrzahl der Mönche, die sich ihrer Grenzen bewußt waren, überließen es Shen-Hsiu, bei dieser schwierigen Aufgabe die Initiative zu ergreifen. Alle schätzten diesen beispielhaften, sich für die Schriften begeisternden Mönch, der fähig war, die unklarsten Punkte der Lehre zu erläutern. Es lag auf der Hand, daß er zu höheren Weihen berufen war ...

Shen-Hsiu machte sich daran, eine tadellose Gatha abzufassen, die seine etwaigen Konkurrenten weit hinter sich lassen sollte. Nach langen Studien entschloß er sich, sein Werk in einem Gang des Klosters auszuhängen. Am nächsten Morgen konnten es alle lesen, und jeder rühmte sein unbestreitbares spirituelles Talent.

»Der Körper ist der Baum der Erleuchtung
Der Geist ist die stützende Hand eines glänzenden Spiegels
Haltet ihn mit einer ständig wachsamen Intelligenz alle Zeit rein
Um allen Staub dieser Welt von ihm fernzuhalten.«

Diese Gatha schien indes Hung-Jen nicht zu gefallen, denn er kritisierte sie öffentlich und ließ den armen Shen-Hsiu angesichts dieses unerwarteten Mißerfolgs schwer verstört zurück: »Du hast das Wesen des Selbst noch nicht erkannt. Du bist erst an der Schwelle angekommen und hast die Pforte nicht überschritten. Es ist unmöglich, von einer solchen Basis ausgehend die Weisheit zu erlangen.«

Huei-Neng ließ sich die umstrittene Gatha vorlesen und begann auf der Stelle, seine eigenen Verse zu schmieden, die er von einem Mönch in der richtigen Form aufschreiben ließ.

»Die Erleuchtung ist kein Baum
ebensowenig wie der glänzende Spiegel eine stützende Hand sein kann
Da sie in keinster Weise ein Ding ist
wie könnte sie also durch Staub beschmutzt werden?«

Sobald Hung-Jen diese Verse Huei-Nengs zu Ohren gekommen waren, beschloß er, ihn in das Wissen einzuweihen. Da er aber die Reaktion seiner Schüler fürchtete, die nicht verstanden hätten, daß ein gewöhnlicher Analphabet in den Genuß der Wissensvermittlung kommen sollte, die den Fähigsten unter ihnen verwehrt worden war, empfing er ihn heimlich in der darauffolgenden Nacht.

Nachdem er ihm die Schüssel und die Robe anvertraut hatte (die den Meistern zustehenden Symbole), erläuterte er ausführlich das Sutra des Diamanten. Dann entließ er ihn, wobei er ihm riet, sich in der Natur zu verbergen und lange Zeit sein Inkognito zu wahren, ehe er sich zu gegebener Zeit offiziell zu erkennen geben sollte.

Als man den Meister später nach den Gründen für sein Handeln fragte, antwortete er: »Vierhundertneunzig meiner Schüler begreifen den Buddhismus sehr gut. Huei-Neng ist die einzige Ausnahme. Er ist ein Mensch, den man nicht mit demselben Maßstab messen kann wie alle anderen. Aus diesem Grund wurde ihm die Robe des Glaubens übertragen.«

Huei-Neng hatte vom Buddhismus keine Ahnung: Die Lehre

und die Schriften blieben ihm fremd und rätselhaft. Er hatte jedoch seine eigene Sichtweise gefunden, und die Erweckung hatte für ihn nichts Geheimnisvolles mehr.

Seine Gatha brachte mit bewundernswerter Klarheit seine Stufe des Verständnisses zum Ausdruck: Die Erleuchtung oder der Geist sind keine Gegenstände, es ist unnütz, diese Illusion aufrechtzuerhalten und zu versuchen, diese haltlose Vorstellung von Reinheit mit trügerischen Mitteln zu bewahren. Es genügt zu sein …

Huei-Neng zog sich in eine fünfzehn Jahre lang währende Einsamkeit zurück, lernte Lesen und Schreiben, meditierte und verstärkte sein »rohes« Verständnis durch das Studium der Schriften.

Im Jahr 676 begann er selbst zu lehren und führte zahlreiche Schüler zur Erweckung ihres wahren Wesens. Diese sollten anschließend ihre Schulen und Häuser begründen, die bis ins Jahr eintausend ohne Unterbrechung fortbestanden (siehe dritter Teil).

Der Keim des Ch'an hatte also endlich zu sprießen begonnen, und der blühende Baum des chinesischen Buddhismus versprach eine reiche Ernte … Seine Wurzeln bezogen ihre Kraft aus der Erde. Die Frucht des Zen zu kosten, heißt, einen unvergeßlichen Duft und Geschmack zu entdecken, der bereits in die schönsten Seiten von Lao-Tse und Tchuang-Tse eindrang.

Der Vergleich der beiden folgenden Zitate reicht aus, um diese metaphysische Verwandtschaft zu beglaubigen.

»Erhaltet euch die Einheit eures Willens. Hört auf, mit dem Verstand zu lauschen, sondern lauscht mit dem Geist. Die Tätigkeit des Ohrs beschränkt sich auf das Hören, die des Verstandes beschränkt sich darauf, Bilder und Vorstellungen zu erzeugen. Was jedoch den Geist angeht, so ist er eine Leere, die auf alle Dinge eine Antwort weiß. Das Tao ist in der Leere angesiedelt. Und diese Leere ist das Aussetzen des Denkens.«

Tchuang-Tse
(IV. oder III. Jahrhundert v. Chr.)

»Sobald unser Geist von jeglicher Abhängigkeit befreit ist und weder an das Gute noch an das Böse denkt, muß man aufpassen, nicht in der reinen Leere vor sich hin zu dämmern und einer tödlichen Unbeweglichkeit anheimzufallen. Man muß sich vielmehr bemühen, sein Wissen zu erweitern und seine Fähigkeiten zu steigern, um sich seines eigenen Geistes bewußtwerden zu können und die Lehre aller Erleuchteten von Grund auf zu begreifen.

Man muß einen Geist harmonischen Gleichklangs mit den anderen pflegen und sich von der alles einvernehmenden Idee eines ›Selbst‹ und eines ›Nächsten‹ befreien, bis man die vollkommene Erleuchtung erreicht und sich seines eigenen unveränderbaren Wesens voll bewußt wird.«

Huei-Neng

4. DER ZWIST ZWISCHEN SUBITISMUS UND GRADUALISMUS

Die Schule des Ch'an (oder Schule des Südens) hatte Probleme mit einer gegnerischen Sekte, der sogenannten Sekte des Nordens. Die Auseinandersetzung ging um die grundlegenden Begriffe des Gradualismus und des Subitismus. Es ist angebracht, diese Begriffe zu erläutern, deren Anwendung ein konfliktträchtiges Gebiet der Religion abdeckt. Es ist unmöglich, den Sinn des Zen verstandesmäßig zu erfassen, ohne diese Kontroverse zu behandeln.

Wir haben bereits darauf hingewiesen: Ch'an ist die phonetische Übersetzung des Sanskrit-Wortes Dhyana, das Meditation bedeutet.

Im Kanon der Texte des »klassischen« indischen Buddhismus dient das Dhyana der Aufzählung einer bestimmten Anzahl psychophysiologischer Techniken, die dem Yoga eigene innere Zustände bezeichnen (geistige Reinigung, Konzentration, Beruhigung der Gedanken, Sichversenken; siehe das Buch über Yoga in dieser Reihe).

Das indische Dhyana wird im allgemeinen sitzend ausgeführt, in der klassischen sogenannten Lotus- oder Halb-Lotus-Haltung.

Die große Schule des Lebens

Diese Haltung ist heute die unabdingbare Reverenz der japanischen Sekten Rinzai und Soto geworden, die sie mit der Ausübung des Zen gleichgesetzt haben (dies ist das Zazen oder Zuo-Chan auf chinesisch).

Der chinesische Ch'an hat sich immer vehement dagegen gewehrt, seine Lehre, und folglich auch die Erleuchtung, mit dieser sitzenden oder gebeugten Haltung abzugrenzen. Im übrigen erinnert das graphische Zeichen, das dem Phonem Ch'an entspricht, an eine Geisteshaltung der Sammlung und Konzentration (wobei diese Einstellung nichts Physisches impliziert).

Das Zazen oder sitzende Haltung ist Teil einer zweifellos segensreichen täglichen Praxis, bleibt aber ohne Verbindung mit dem Prozeß der Erweckung des eigenen Wesens (Boddhi). Die

Ch'an-Meister haben sich gehütet, diese Stellung mit der Erweckung in Zusammenhang zu bringen. Die heftige Auseinandersetzung, die die Schulen des Südens und des Nordens entzweite, die Verurteilung des sitzenden Dhyana, zielte weniger auf die Praxis selbst ab als auf deren metaphysische Folgen.

Die Meditation darf kein Zweck an sich werden, sie stellt lediglich eine Form der Annäherung unter anderen dar (Handwerkliche Tätigkeit, natürliches Leben).

Die Schule des Nordens, die fest mit den Prinzipien der verschiedenen Dhyanas verbunden war, hatte die Verwirklichung der Erleuchtung am Ende eines stufenweisen Prozesses zum Ziel.

Die Schule des Südens (oder Ch'an) rankte sich auf Anhieb um den Begriff der Erleuchtung und weigerte sich, die Öffnung des Innern quasi als automatische Folge stufenweiser, vorübergehender Praktiken zu betrachten.

Indem sie sich direkt mit der Erleuchtung beschäftigten, schlossen die Ch'an-Meister endgültig jegliche Vorstellung von »Verdiensten«, die durch Taten erworben werden können, aus. Die Erkenntnis des wahren Wesens vollzieht sich blitzartig, sie geschieht abrupt, ohne vorherige psychosomatische Ankündigung.

Die »Spielregel« des Subitismus lautet, daß es bei der Erleuchtung keine Kausalität gibt.

Um die Erfahrung der Erweckung zu veranschaulichen, hat man häufig das Bild vom Wasser, das immer heißer wird und mit einem Mal zu kochen anfängt, gebraucht.

In seinen Predigten prangerte Huei-Neng die Anhänger der Schule des Nordens an, die sich rühmten, die sitzende Haltung zu praktizieren. Diese Angriffe, deren Schärfe die mit dem indischen Buddhismus Vertrauten, die eher an gedämpftere scholastische Debatten gewöhnt sind, verstören könnte, zeugen vom ursprünglichen Geist des Ch'an ebenso wie von der typisch chinesischen Sorge, das menschliche Verhalten in seinen Taten und täglichen Erfahrungen wirkungsvoll und klar darzustellen und nicht in seinen Vorstellungen, Gedanken und Theorien ...

Der Zwist zwischen Subitismus und Gradualismus macht

den beträchtlichen Unterschied deutlich, der die mehr oder weniger voluntaristische Begriffswelt vom chinesischen Pragmatismus trennt, wobei letzterer selbstverständlich vom Geist des Nicht-Handelns und des Geschehenlassens geprägt war (Wu-Wei).

Am Ende dieser Auseinandersetzung wurden die Vertreter des Gradualismus geschlagen. Ihre Sache war, wenn man so will, von vorneherein verloren gewesen, da die zum indischen Dhyana gehörenden asketischen Übungen der chinesischen Metaphysik fremd blieben.

Diese Kontroverse besitzt unserer Auffassung nach einen nicht zu leugnenden erhellenden Wert, der noch heute Gültigkeit hat. Tatsächlich gibt es heutzutage zahlreiche Menschen, die sich von den indischen Meditationstechniken (der hinduistischen oder buddhistischen Schule) angezogen fühlen und die, nach den ersten Ergebnissen, sofort eifrig danach streben, den Zweck (die innere Befreiung) und die Mittel (Yoga-Stunden oder zum Beispiel die sitzende Meditation) miteinander zu verbinden.

Die unerbittlichen Predigten Huei-Nengs werden den »Lehrlingen« einen unschätzbaren Dienst erweisen, deren Introspektion vorübergehend durch die mechanische Befolgung einer körperlichen Disziplin und durch die gelegentliche Befriedigung, die von der inneren Ruhe kommt, eingeschränkt ist.

»Man sieht immer wieder Menschen, die die Leute lehren, in gebeugter Haltung zu verharren, ihren Geist zu betrachten, die Reinheit zu betrachten, sich nicht zu bewegen, nicht zu rühren. Dadurch, daß sie derartige Anstrengungen auf sich nehmen, gelangen die verblendeten Menschen jedoch nicht zur Erleuchtung, sondern bleiben den Phänomenen verhaftet und erzeugen den Irrtum.«

»Lange Zeit in sitzender Haltung auszuharren, führt zu nichts anderem als einer Störung des Körpers ohne irgendeinen Nutzen für den Geist.

Den Geist ruhig zu halten, um ihn in seiner Ruhe zu betrachten, ist keine Zendisziplin, sondern schafft eher Mißbehagen.

Lebendig bleibt man sitzen, ohne sich auszustrecken.
Tot bleibt man ausgestreckt, ohne sich hinzusetzen.
In beiden Fällen ist es nichts anderes als ein Haufen stinkender Knochen!
Was hat das mit der großen Schule des Lebens zu tun?«

Huei-Neng

»Seinen Geist zu konzentrieren, ist ein Irrtum. Deshalb führt die Methode, die zugunsten der Sekte des Nordens spricht, und die darin besteht, seinen eigenen Geist zu erkennen, zum Niedergang der eigenen Ziele. Wenn der Geist gesehen werden könnte, wäre er selbst Gegenstand der Erkenntnis.«

»Jegliche Pflege der Erkenntnis entspringt von Grund auf dem Irrtum. Wie soll man durch die Ausübung der Konzentration zur Konzentration selbst gelangen? Das eigene Wesen hat weder ein Inneres noch ein Äußeres, dies wird seit jeher falsch gesehen. Wie könnte man sein eigenes Wesen erkennen?«

Chen-Huei (668–760)

Dieser Mönch war der eifrigste Verbreiter der Lehren seines Meisters Huei-Neng, hatte selbst aber keine Schüler.

5. DAS »NICHT-DENKEN« DES CH'AN

Der Ausdruck *Wu-Nian*, der für gewöhnlich mit »Nicht-Denken« übersetzt wird, taucht in den Texten des Ch'an oft als Bezeichnung für bestimmte Bewußtseinszustände auf, die unabhängig sind von einer speziellen Körperhaltung.

Das Wu-Nian ist eine überwältigende Erschütterung, die sich plötzlich ereignet: beim Holzsägen, beim Wasserschöpfen, bei einem Spaziergang auf dem Land oder vor dem Feuer sitzend. Sobald wir unsere innere Rede einstellen und den assoziativen verbalen Prozeß spontan, ohne Hilfe des Willens, unterbrechen, erhalten wir eine »Antwort«, die dieser schweigenden Aufmerksamkeit entspringt.

Das Wu-Nian steht über dem Denken, es zeichnet sich vor

dem Hintergrund einer Reihe von geistigen Assoziationen ab, ohne diese jedoch zu verändern.

Jede Anstrengung, die Verbindung und Aufeinanderfolge der Gedanken zu stoppen, rührt von einer Kultivierung der Konzentration her. Das Wu-Nian schließt nichts aus, läßt nichts beiseite, sondern kommt im Gegenteil von einer spontanen Bereitschaft, einer Öffnung, die sich ohne Voraussetzung und ohne analytische Unterscheidung vollzieht.

Das Wu-Nian führt zu einer Art Hingabe und Gewährenlassen. Die Gedanken gleiten frei dahin und beruhigen sich selbst wie die Wellenbewegungen auf einem Fluß nach dem Passieren eines Schiffes. Wu-Nian ist also kein »Nicht-Denken«, was automatisch die Vorstellung eines zu erreichenden Ziels implizieren würde, sondern vielmehr eine ursprüngliche Bemühung im Einklang mit dem non-verbalen Impuls, der die Gedanken erzeugt hat.

»Die Abwesenheit des Denkens (Wu-Nian) besteht nicht darin, an nichts zu denken, denn dies wäre eine Art Anklammerung an die-

ses Nichts, sondern sie besteht darin, jeden Moment an alle Dinge zu denken und sich dabei immer mehr von ihnen zu lösen. Es ist sinnlos zu hoffen, man könne das Denken einstellen, indem man an nichts denkt. Das Wu-Nian muß folglich ein totales und losgelöstes Denken darstellen. Die wirkliche Abwesenheit des Denkens besteht darin, an alle Dinge zu denken, ohne sich von ihnen infizieren zu lassen.«

Huei-Neng

»Die Abwesenheit des Denkens ist das von selbst eintretende Denken, und dieses von selbst eintretende Denken bedeutet Allwissenheit.

Das Denken in Abwesenheit des Denkens ist die Offenbarung, die Wirkung des Absoluten.«

Chen-Huei

6. DIE UMKEHR DES DENKENS

»Beim Betreten des großen Saals sagt seine Ehrwürden: ›Die Kenntnis vieler Dinge ist in ihrer Vortrefflichkeit nicht vergleichbar mit dem Einstellen der Suche nach irgend etwas. Es gibt keine verschiedenen Arten des Denkens, und es gibt keine Lehre, die durch Worte übertragen werden könnte.

Und da dem nichts hinzuzufügen ist, ist die Versammlung hiermit aufgehoben.‹«

Huang-Po

Indem er seine Lehre von der plötzlichen Erweckung des eigenen Wesens aufstellte, konnte der Ch'an nicht umhin, jede Art von didaktischer und objektiver Erläuterung zu unterlassen.

Die Pädagogik des Zen, die ausgesprochen schwierig ist und sich jeder rationalen Interpretation entzieht, tendiert ständig dazu, das Denken in einen den »natürlichen« objektivierenden Neigungen entgegengesetzten Sinn zu verkehren.

Der Meister begnügt sich damit, durch seine abrupten Fragen und Antworten, die augenscheinlich weder Anfang noch Ende haben und unlösbar sind, eine Richtung anzugeben sowie auf die Abschaffung des logischen Diskurses abzuzielen.

Der Zen schafft die konditionierte geistige Versuchung ab oder umgeht sie zumindest geschickt. Die offensichtlich widersprüchliche und provozierende Haltung der Lehrer (Ohrfeigen, Schläge mit dem Stock, bissige Antworten) entzieht sich der rationalen Aggressivität des Schülers, der ängstlich auf Worte und abstrakte Antworten wartet.

Man spricht die Glaubwürdigkeit der Meister diesen falschen Unruhestiftern zu, die die Lust am Fragen ihrer Schüler, die noch Gefangene ihrer Denkschemata sind, vermindern. Dabei sind diese Fragen in gewisser Weise die Handschrift und das ursprüngliche Siegel der Erleuchtung.

»Es gibt absolut nichts, was erreicht werden könnte.«

Huang-Po

»Laßt mich euch daran erinnern,
daß das Wahrgenommene nicht selbst wahrnehmen kann.«

Huang-Po

Es nützt nichts, sich zu zerreißen, um für den Intellekt befriedigende Lösungen zu »erhaschen«. Wir werden niemals Befriedigung ziehen aus einem wahrgenommenen Objekt, sei es abstrakt oder nicht.

»Wenn dein Geist Gegenstand der Tätigkeit deines Geistes ist, wie willst du dann eine enorme Verwirrung vermeiden?«

Seng Ts'an

Es scheint, die Erleuchtung vollzieht sich nach einer gewissen Übermüdung des Geistes, einem vom Denken schließlich akzeptierten Stillstand. Erschöpft durch falsche Mußmaßungen, geben wir das »Spiel« auf.

»Zu sehen, daß man die Abwesenheit der Dinge nicht sehen kann, ist eine echte und dauerhafte Vision.«

Chen-Huei

Diese »Erfahrung« (der Ausdruck würde von den Adepten zurückgewiesen werden) tritt anschließend an eine Destabilisierung des Geistes ein, der, seiner vertrauten Hilfsmittel (verbale Bezugspunkte) beraubt und unfähig, den Strom der Empfindungen und Eindrücke festzuhalten, plötzlich zum Stillstand verurteilt ist ...

Der durch die Unterweisung im Ch'an ausgelöste subtile Prozeß beschleunigt diese unerträgliche Spannung.

Der Meister spielt mit seinem Schüler Versteck. Er antwortet so, wie man es nie erwartet hätte, um die durch das diskursive Denken konditionierten Reflexe zu zerstören.

»Wie sieht ein Diskurs aus, der die Lehre Buddhas und der Patriarchen übertrifft?«

»Wie ein Kuchen!« Yu-Men

Diese Antworten sind natürlich nicht sinnlos, sie richten sich direkt an den Geist des Anhängers, der soeben eine dumme, unnütze Frage gestellt hat. Sie beabsichtigen, das Denken umzukehren, es von seinem psychologischen und kulturellen »Hintergrund« abzuschneiden; sie führen zur fragenden Wachsamkeit (Smrti) und infolgedessen zum Schweigen ...

Der Ch'an vergleicht diesen Schock (auf japanisch Sartori) mit einem Mann, der über einen Stein stolpert und »auf der Nase« weiterläuft.

Um seinen Schüler wachzurütteln, verlangt ein Meister (Tsung Kao) von ihm, sich gen Süden zu wenden, um den Großen Bären zu beobachten (der in der nördlichen Hemisphäre liegt).

Solange wir an die Objektivität der Erscheinungen glauben, seien sie äußerlicher oder innerer Natur (konkret oder abstrakt, Dinge oder Gedanken), bleiben wir dem Irrtum, der Interpretation und der auf einer Subjekt-Objekt-Beziehung basierenden Logik verhaftet.

Sobald wir mit Hilfe der losgelösten Aufmerksamkeit die Insubstantialität der beobachteten Dinge bemerken, löst sich der

Es gibt nichts zu erreichen

Zwang des Denkens. Subjekt und Objekt gehen in einer unpersönlichen Wahrnehmung auf.

Nichtsdestotrotz muß man sich davor hüten, den Segen dieser Erfahrung irgendeinem »Subjekt« oder »Geist« zuzusprechen. Diese spirituelle »Perversion« ist gleichermaßen absurd wie die Objektivierung der Welt der Phänomene.

Ein Meister zeigte auf einen Stein und fragte seinen Schüler, ob seiner Ansicht nach dieser Stein im »Äußeren« oder im »Inneren« des Geistes sei. Die Unlogik des Zen wohl abwägend, antwortete der Adept, daß er natürlich im Innern des Geistes liege.

Der Meister brach in Lachen aus: »Nun, wenn das so ist, mußt du ja einen ganz schön schweren Kopf haben!«

Der Zen operiert mit Ausweichmanövern und dem Umgehen von klaren Aussagen, indem er unzählige Fallen auf dem Gebiet der objektiven Erfahrung stellt. Den Ch'an zu studieren, bedeutet, sich auf vermintem Territorium zu bewegen, ihn zu erläutern, heißt, Gefahr zu laufen, jeden Moment hochzugehen ...

DRITTER TEIL

»Ich besitze keinen geistigen Frieden«, sagte Hui-Ko, »ich flehe Euch an, macht meinen Geist ruhig!«

»Trage Deinen Geist hier vor mich hin«, erwiderte Bodhidharma, »und ich werde ihm Frieden schenken!«

»Aber immer wenn ich ihn suche«, entgegnete Hui-Ko, »kann ich ihn nicht finden.«

»Siehst Du!« antwortete Bodhidharma, »ich habe Deinem Geist bereits Frieden geschenkt.«

Wu-Men Kuan

Das Goldene Zeitalter des Ch'an

Matsu – Pai Chang Huai Huai – Huang Po – Das Geschlecht der Shih T'ou – Die fünf Häuser des Ch'an – Nan Chuan und Chao-Chou

Einführung

Nach seinem Sieg über die Schule des Nordens genoß der Ch'an große Popularität. Klöster wurden erbaut, und Pilgermassen aus allen Ecken des Reichs der T'ang strömten herbei, um den öffentlichen Predigten der Meister zu lauschen. Letztere predigten ein einfaches und karges Leben, das der Armut und der Befolgung des buddhistischen Gesetzes (Dharma) gewidmet sein sollte.

Die Historiker bezeichnen diese blühende Epoche im allgemeinen als das »Goldene Zeitalter des Zen«.

Dem Glauben der alten Patriarchen treu verhaftet, hüten sich die chinesischen Weisen davor, ihre Lehre auf »theoretische« Schriften zu stützen. Ihr spontanes Vorgehen basiert in keinster Weise auf irgendeiner »Metaphysik«.

Glücklicherweise hatten die Mönche und Schüler die Angewohnheit, die Worte und Predigten der Meister festzuhalten, aber auch deren unzählige »Verrücktheiten«, mittels derer sie in ihren Gesprächen die nackte Wahrheit der Doktrin vermittelten. Diese sorgfältig bewahrten Sentenzen, in Büchern niedergelegt, wurden so zum literarischen und spirituellen Bezugspunkt aller Zen-Anhänger (siehe vierter Teil).

Ohne diese Festschreibung in Buchform wäre der Zen heutzutage vergessen, doch hat diese Methode unglücklicherweise auch einige Nachteile.

So, wie es heute fast unmöglich ist, die Wahrheit der Lehren von Jesus zu erfassen, ohne auf die »offiziellen« Interpretationen der Kirche zurückzugreifen, so gelingt uns auch die Annäherung an die Weisheiten der chinesischen Meister nicht ohne Rückgriff auf die unzähligen Auslegungen ihrer Exegeten.

Die Frische und das Flair des Ch'an sind im Laufe der Geschichte auf der Strecke geblieben. Das rationale Denken und die analytische Systematik haben unmerklich begonnen, über die ursprüngliche Wahrheit zu dominieren.

Wir können es nicht vermeiden, dieses »Nicht-Denken« zu beschränken und es auf eine einengende technische Kodifizierung zurechtzustutzen.

Aus diesem Grund gleicht die Aufgabe, den Ch'an zu erklären, einem unmöglichen, zum Scheitern verurteilten Unterfangen, worauf wir ja bereits verwiesen haben ...

Wir hoffen dennoch, daß es dem Leser, nachdem er sich mit den grundlegenden Tatsachen des Zen vertraut gemacht hat, gelingen wird, in sich eine bestimmte Form der fragenden Wachsamkeit zu erzeugen, eine Offenheit, die dazu geeignet ist, ihn diese zumindest im Moment ziemlich rätselhaften Worte begreifen zu lassen.

Nur eine schweigende Aufmerksamkeit, die aller mühsamen Verbalisierung aus dem Weg geht, kann dazu verhelfen, zum Kern des Ch'an vorzudringen, der sich per Definition jeglichem rationalen Zugang versperrt. Wir sind uns unsererseits bei der Interpretation und Kommentierung dieses kurzen geschichtlichen Abrisses bewußt, daß wir uns bemühen müssen, die Fallstricke des logischen und didaktischen Denkens zu umgehen. Sobald der Leser besser informiert ist, mag er uns die Unzulänglichkeiten verzeihen. Und sobald ihn die Intuition erhellt hat, möge er sich nur noch ausschließlich an die Worte der Meister halten ...

1. MATSU (709–788)

Die Ch'an-Meister entwickelten eine Art der Kommunikation, eine Pädagogik des Augenblicks, die oft grob war und dazu diente, dem Zuhörer seine tiefsten Verdrängungen bewußt zu machen und seine moralischen Schranken auf der Stelle zu überwinden.

Der Schüler muß versuchen, sich spontan mit der Provokation auseinanderzusetzen, ohne an die dualistische Beziehung zwischen Meister und Schüler zu denken. Diese Beziehung geht über den Rahmen eines idealistischen Dialogs hinaus. Während dieser Konfrontation müssen die Dämme der Vernunft brechen und mit einem Schlag die reine Spontaneität frei werden lassen. Die plötzliche Erkenntnis des wahren Wesens sprengt die Zwänge der Konventionen.

Ein Schüler näherte sich Matsu und befragte ihn, der heiligen Formel treu bleibend, nach der Wahrheit des Zen.

»Welche Vorstellung hatte Bodhidharma, als er aus dem Westen kam?«

»Sprich leiser und komm näher!«

Der Schüler näherte sich demütig, und Matsu versetzte ihm eine heftige Ohrfeige, so daß ihm Hören und Sehen verging.

Ein anderer Schüler gelangte zur Erkenntnis der Wahrheit, nachdem er sich einen kräftigen Tritt in den Hintern eingefangen hatte, als er sich Matsu unterwürfig näherte. Später scherzte er: »Seit ich den Fußtritt des Meisters bekommen habe, habe ich nicht mehr aufgehört zu lachen!«

Diese dem Laien seltsam erscheinenden Anekdoten weisen auf eines hin: Der Meister hütet sich davor, der wohlformulierten Frage des Schülers zu antworten, der eine »ideologische« Replik erwartet, die seinen Verstand befriedigt. Im Gegenteil, indem er ihn ohrfeigt und schlägt, unterbricht der Meister den falschen Dialog, der auf anachronistischen religiösen Konventionen basiert.

Wir sind ermüdet und fasziniert zugleich vom formellen Frage- und Antwort-Spiel der Lehre. Der Ch'an-Meister rückt die Dinge zurecht, indem er das höchste Ziel der Seinserfahrung nennt: das unerschaffene Wesen zu erwecken.

Der Lehrer betont den Augenblick, öffnet dem Schüler den Blick für die Dinge, wie sie sind, nämlich naheliegend, lebendig und dennoch nicht substantiell ...

Ein zweifellos von Angst gepeinigter Schüler befragte Matsu über das Große Erlöschen (das Nirwana, den Bewußtseinszustand der Erleuchteten).

Matsu riet ihm, sich zu beeilen.

Der Schüler antwortete verwirrt: »Wobei?«

»Das Wasser zu betrachten!«

Man darf diesen Antworten keinesfalls einen symbolischen Wert beimessen. Das Wasser zu betrachten, beinhaltet keinerlei

geheimnisvolle Bedeutung. Matsu will lediglich sagen: Anstatt dir abwegige Fragen zu stellen und dein Bewußtsein zu martern, solltest du lieber deinen eigenen unerschaffenen Geist betrachten, der leer ist und auf- und abschwillt wie der Lauf des Wildbachs.

Manchmal weigern sich bereits vorgewarnte Schüler, der Provokation ihres Meisters auf den Leim zu gehen, und halten sich streng an ihre intuitive Wahrnehmung. Man kann sagen, daß in diesen speziellen Fällen der Meister die spirituelle »Errungenschaft« des Schülers überprüft.

Bei der Versammlung der Mönche verteilte Nanquam gekochten Reis. Matsu kam hinzu und fragte ihn:

»Was hast du in deinem Eimer?«

Nanquam antwortete grob:

»Der alte Geizhals täte besser daran, sein Maul zu halten, wie redet der mit mir?«

Matsu wandte sich von ihm ab.

Man darf annehmen, daß der Meister, um den Grad der Erkenntnis seines Schülers zu ermessen, diesem eine Falle stellt. Das Innere des Eimers steht vielleicht für den natürlichen, leeren Geist. Aber Nanquam, der die Fallen des Zen bereits kennt, fällt nicht herein und gibt sofort zurück. Dieser Eimer ist ein Eimer voll mit gekochtem Reis, weiter nichts. Matsu, der augenscheinlich zufrieden ist mit dieser Antwort, läßt es dabei bewenden.

Der Ch'an neigt zum Konkreten, zur direkten Erfahrung.

Hätte sich Nanquam, um sein Wissen unter Beweis zu stellen, zu einer den Umständen angepaßten metaphysischen Antwort hinreißen lassen, wie zum Beispiel: »Der Eimer ist leer«, oder »Der Reis ist gekocht«, hätte der Meister zweifelsohne seine ungerechtfertigte Anmaßung korrigiert.

2. PAI CHANG HUAI HUAI (720–814)

Blickt man auf die Erzählungen und Geschichten des Zen, könnte man annehmen, daß das Leben der Mönche sozusagen libertär, ohne Regeln und Zeremonien verlief.

Dies ist jedoch falsch, eine strenge Zucht reglementiert das Klosterleben. Der Geist kann sich nur dann frei entfalten und seine ganze Bandbreite ausnutzen, sich von seinen Abhängigkeiten und Zwistigkeiten lösen, wenn er nicht andererseits einem sanften Zwang unterworfen ist.

Getreu den Schriften (besonders der vom Buddhismus aufgestellten Klosterregel Vinaya) predigen die Ch'an-Meister das einfache Leben, das auf handwerklicher Arbeit für ausnahmslos alle basiert.

Huai-Huai schrieb den Verhaltenskodex für das klösterliche Leben, der in China jahrhundertelang Gültigkeit haben und das Land vor der großen Verbannungswelle schützen sollte, die den Buddhismus im Jahr 845 traf.

Die konfuzianischen Mandarine konnten nichts gegen die Männer des Ch'an vorbringen, die, arm geblieben und von politischen Händeln unbeleckt, frei von der Arbeit ihrer Hände lebten, ohne Subsidien und ohne Bettelei, weit entfernt vom Kaiserhof und dessen Intrigen (in die die anderen buddhistischen Sekten oft genug verwickelt waren).

Die Devise von Huai-Huai: »Ein Tag ohne Arbeit ist ein Tag ohne Essen«, hat auch noch heute bei den japanischen Soto- und Rinzai-Mönchen seine Bedeutung.

Sie garantiert in gewisser Weise die Glaubwürdigkeit der täglichen Praxis und schützt sie vor äußeren Einflüssen sowie vor weltlichen Intrigen.

Huai-Huai beharrte vor allem auf der Befolgung moralischer Vorschriften. Die von den Novizen abgelegten Gelübde sind in dieser Hinsicht der beste Beweis:

- Nicht töten
- Nicht stehlen
- Nicht sexuell sündigen

- Nicht lügen und kein Unrecht aussprechen
- Keinen Wein trinken
- Nicht außerhalb der Mahlzeiten essen
- Kein Gold oder andere Reichtümer besitzen
- Sich nicht hinsetzen oder in einem großen breiten Bett schlafen.

Die Aufstellung dieser Regel schwächt die Erklärungen gewisser »moderner« Exegeten ab, die versucht haben, die Vorstellung eines »anarchistischen«, wenn nicht gar »atheistischen« Ch'an ins Leben zu rufen ...

Trotz der Unverblümtheit und Freiheit ihres Ausdrucks und ihrer deftigen Predigten blieben die Ch'an-Meister Geistliche, eifrige Buddhisten, die einer strengen klösterlichen Regel und einer ebensolchen Askese unterworfen waren.

3. HUANG-PO (gestorben um 850)

Huang-Po ist nach Huei-Neng und Chen-Huei der einzig bekannte »Theoretiker« der Zen-Philosophie der ersten Zeit. Seine kleine Schrift »Über die Übertragung des Geistes« ist eine pädagogische Abhandlung, die sowohl wegen ihrer literarischen Klarheit als auch ihrer metaphysischen Genauigkeit bemerkenswert ist.

Der vom chinesischen Weisen angesprochene Geist (Shin) kann weder objektiviert noch geheiligt werden. Diese Vorsichtsmaßnahme schwächt die gängigen religiösen Auslegungen.

Was die Übertragung dieses für den egoistischen Verstand nicht erreichbaren Geistes angeht, so pflegte Huang-Po, den man diesbezüglich häufig befragte, zu antworten:

»Ihr hört, wie man von der Übertragung des Geistes spricht, und schließt daraus, daß dabei etwas zu erhalten sei. Bodhidharma sagte: ›Selbst wenn der Mensch das Wesen des Geistes erfaßt hat, kann keine seiner Reden es enthüllen oder formulieren. Die Erleuchtung zu erlangen, ist nichts. Aber derjenige, der sie erlangt hat, sagt nicht, was er weiß.‹

Es gibt weder ein Ich noch einen Nächsten

Wenn ich euch dies erklären müßte, so fragte ich mich, ob ihr in der Lage wäret, dem standzuhalten.«

Nach dem Muster aller späteren Ch'an-Meister umgeht Huang-Po geschickt die intellektuellen Versuchungen, die das Studium der buddhistischen Schriften mit sich bringt. Der Geist, der mit der unpersönlichen Erkenntnis seines wahren Wesens identifiziert wird, kann nicht durch Reflexion oder diskursives Denken erlangt werden.

Je mehr Wissen über die Schriften wir anhäufen, desto weiter entfernen wir uns von unserer innersten Wahrheit, und desto mehr steigern wir beständig die Folgen unserer Irrtümer und unserer Unwissenheit.

Sich an die dogmatische Befolgung einer Doktrin zu halten, bedeutet, in den Niederungen der dualistischen Verirrungen vor sich hinzudämmern, die eine Folge der eitlen sentenzenhaften Festschreibung der Lehre darstellen.

Solange wir uns um eine Lösung unserer »Probleme« und Konflikte bemühen, bleiben wir Gefangene des Gedächtnisses, in die Vergangenheit verstrickt und unaufmerksam für die Gegenwart und das Leben, das sich vor unseren Augen abspielt.

Wenn wir von selbst unsere Bemühungen um rationale Erleuchtung aufgeben, verblassen Vergangenheit, Gegenwart und Zukunft vor der klaren Erkenntnis des Augenblicks.

Es ist gleichfalls absurd, den Versuch zu unternehmen, sich von der Illusion freizumachen oder sich als Gefangener in den Netzen der Unwissenheit zu betrachten. Der von Huang-Po angestrebte Geist unterscheidet sich nicht von der Erfassung des Augenblicks, er bedeutet: *»Das, was wir vor uns sehen.«*

Sobald wir statt dessen eine Reflexion beginnen, verfallen wir dem Irrtum. Man muß den Gedanken an eine begriffliche Festlegung völlig aufgeben und seine natürliche Ungeduld in stillschweigendes Fragen verwandeln, das von egoistischen Mutmaßungen befreit ist. In dieser Hinsicht ist der Gedanke an die Erweckung sicher der schädlichste und abwegigste: Er setzt immer ein am Ende eines stufenweisen Fortschreitens zu erreichendes Ziel voraus und beinhaltet »Errungenschaften« und eine Theorie der »Verdienste«.

Wenn wir nicht begreifen, daß der Geist weder objektiv noch subjektiv ist, werden die Anstrengungen, die Askese, die Härte und die Entbehrungen eher zu Hindernissen und schwerwiegenden psychologischen Störungen.

Strategien zu entwickeln, um den Geist einzufangen, ist so, als wolle man Wasser in der hohlen Hand zurückhalten. Indem er die Domäne des intellektuellen Denkens demontiert, beschreitet Huang-Po den negativen oder apophatischen Weg, der ein Erbe der Metaphysik des Madhyamika sowie der Theorien der taoistischen Philosophen ist:

»Es gibt kein ›Ich‹ und keinen ›Nächsten‹. Es gibt kein ›böses Verlangen‹ und keinen ›Zorn‹, keine ›Liebe‹ und keinen ›Haß‹, keinen ›Sieg‹ und keine ›Niederlage‹.«

Aus diesen radikalen Behauptungen könnte man schließen, daß sie sich im Widerspruch zur buddhistischen Regel befinden und der Ausübung der Tugenden entgegenstehen, die der Mönch mit dem Ablegen seines Gelübdes gelobt. Aber Huang-Po lehnt sie nicht ab, sondern, ganz im Gegenteil, er betont lediglich die Gefahr, die aus dieser frommen Form der Ideologie hervorgehen könnte, die in einer Kausalverbindung zum Erlangen der Erleuchtung steht. Die Erkenntnis ist nicht die logische Konsequenz eines tugendhaften Lebenswandels; dieser entsteht nämlich aus Überzeugung und entwickelt sich ganz natürlich aus der richtigen Einstellung, die nicht durch einen alles vereinnahmenden Gedankenstrom beeinträchtigt wird.

4. DAS GESCHLECHT DER SHIH T'OU (700–790)

Tao-Wu (784–790)

»Für die echte Wahrnehmung zählt nur der Augenblick. Sobald man zu meditieren und nachzudenken beginnt, schweift man ab.«

Es ist unnütz, sich an Annäherungen zu halten. Nur der Augenblick beherrscht unsere Taten. Von dem Moment an, in dem wir offen sind für die feinen Situationsveränderungen, so wie sie sich uns darstellen, ohne sie geistig zu steuern, erfreuen wir uns der vollkommenen geistigen Freiheit.

Te-Shan (780–865)

Das Vordringen zum ursprünglichen Wesen gleicht manchmal einem Sprung in den Abgrund. Sobald das Denken für einen Moment aussetzt, verlieren wir den Boden unter den Füßen. Die Beschreibung der Umgebung, die durch die Sprache künstlich aufrechterhalten wird, löst sich auf wie ein Zuckerstück in einer Tasse Tee. Wenn der Meister diese Unterbrechung der Wahrnehmung vorherahnt, zögert er nicht, sie zu beschleunigen.

Nach einer langen Unterhaltung bat Lung-T'an Te-Shan, schlafen zu gehen. Dieser ging in die Nacht hinaus, kehrte aber sehr bald in die Zelle seines Meisters zurück und bat ihn um eine Kerze.

Lung-T'an hielt seinem Schüler eine brennende Kerze hin, aber als sich Te-Shan anschickte, den Raum zu verlassen, blies er sie aus. Te-Shan verstand sofort.

Lung-T'an will durch das Ausblasen der Kerze nichts zeigen, er demonstriert etwas, das ohne Verbindung mit irgendeiner Symbolik von Dunkelheit und Licht ist.

Der Meister weist Te-Shan darauf hin, daß es nicht unbedingt notwendig ist, im Hellen zu sein, um zu sehen, daß es illusorisch ist, die Erkenntnis (seinen Weg in die Nacht) mit Hilfe der Ratio (der Kerze) zu suchen. Te-Shan braucht keine Kerze, um sich in einer Welt zurechtzufinden, die mit seinem eigenen undifferenzierten Wesen identisch ist.

Die Verwirklichung wird nicht »verbalisiert« oder von einer geistigen Abschweifung ausgelöst, sondern sie vollzieht sich geräuschlos von einem Moment auf den anderen ...

Mißtrauisch gegenüber religiösem Fetischismus, scheint sich der Ch'an in der Rolle einer Art »Bilderstürmers« zu gefallen, was zur Verwirrung einiger Kommentatoren beitrug.

»Ich habe nicht dieselbe Sichtweise wie unsere Vorfahren.
Hier gibt es weder einen Patriarchen noch einen Buddha.
Bodhidharma ist nichts anderes als ein stinkender Barbar.
Gautama ist altes vertrocknetes Klopapier.«

Die Meister, die ihre Schüler mit derartigen Parolen provozieren, versuchen nicht, sie aufzuregen, sondern sie zum Reagieren zu treiben. Buddha und die Patriarchen dürfen nicht zu frommen Bildern verkommen, denn dadurch würden sie die Anhänger zu einer fetischistischen Religionsausübung verleiten.

Diese bilderstürmerische Haltung rührt nicht von Zynismus oder Unglauben her, sondern wird in der Perspektive der Erleuchtung offenbar: Jegliche Unterscheidung zwischen dem »Heiligen« und dem »Profanen« soll ausgelöscht werden ...

Die Bilderstürmerei hat ihren pädagogischen Sinn und Zweck.

Wehe dem Adepten, der dumm genug ist, Buddha oder die Patriarchen zu verleumden!

Die Anekdoten des Zen bleiben ein Rätsel, eine Störung der Ratio, die versucht, einen verborgenen, esoterischen oder symbolischen Sinn zu entdecken. In Wirklichkeit handelt es sich um eine Verwüstung des kritischen oder analytischen Geistes.

Der Moment des Verstoßes ist nicht vermittelbar, erlaubt keine Kopie oder Nachahmung, denn sonst verlöre er seine Glaubwürdigkeit, und der Ausbruch aus der horizontalen, diskursiven Zeit könnte nicht gelingen.

Eines Nachts betrachteten zwei Mönche einen Kessel, in dem sich der Mond spiegelte.

Der erste sagte: »Wenn das Wasser klar ist, erscheint der Mond darin.«

Der zweite erwiderte: »Wenn das Wasser klar ist, verschwindet der Mond.«

Yen-T'ou, (828–887) der den beiden zugehört hatte, trat heftig mit dem Fuß in den Kessel, ehe er fortging.

Die spontane Geste Yen-T'ous erklärt das Geschwätz der beiden Mönche für nichtig, die sich damit begnügen, die Erscheinungen ganz simpel und platt zu kommentieren, und dabei so tun, als handle es sich um feinsinnige Anspielungen auf den Zen.

Der Meister hat immer das letzte Wort, er steht auf Anhieb über der Bejahung oder Verneinung und erschüttert die Tatsachen und Konventionen, die allgemein gebräuchlich sind, um zu beschreiben, was ist und nicht ist.

Sein unwiderrufliches Eingreifen enthüllt ein nicht existentes Problem. Indem er die Lampe ausmacht oder den Kessel umstößt, bringt er den allgemeinen Sinn dieser metaphysischen Äußerlichkeiten zutage, enthüllt die Stereotypen und merzt die spirituelle Eitelkeit von Grund auf aus.

5. DIE FÜNF HÄUSER DES CH'AN

In der Mitte des VIII. Jahrhunderts erblühte der Ch'an wie ein »Stern« in fünf Schulen oder »Häusern«. Sie blieben dem Geist ihres Begründers treu, unterschieden sich jedoch dank der Persönlichkeit ihrer Meister voneinander.

Die Erfahrung der Erweckung schwächt die innerste Natur eines Individuums nicht. Sein Charakter und seine Eigenschaften bleiben erhalten.

Der Meister offenbart seine Neigungen in seiner Art zu lehren, er drückt in gewisser Weise der Entwicklung der Lehre seinen persönlichen Stempel auf und erneuert ihren Stil, ohne jedoch ein Jota von ihrem Grundstock abzuweichen.

Dieser jedem Haus eigene Stil steigert die Macht und die Lebendigkeit des chinesischen Buddhismus. Die noch überschäumende Frische verleiht dieser Frucht den bemerkenswerten Geschmack des Zen, der sich einige Jahrhunderte später (unter den Song) abschwächen sollte.

Noch bis zum heutigen Tage weist die Lektüre der überlieferten – und von den Kopisten zweifellos bearbeiteten – Geschichten den Reiz, die Lebendigkeit und das außergewöhnliche Temperament eines jeden dieser Meister auf, auch wenn durch gewagte Übersetzungen und ein Wirrwarr von Erläuterungen gewisse Beeinträchtigungen entstanden.

Die Häuser des Ch'an konkurrieren nicht miteinander, zwischen ihnen herrscht keine Rivalität, sondern sie drücken vielmehr die Vielfalt und die Pluralität der verschiedenen Annäherungsformen aus.

Jeder Meister empfindet die Wahrheit auf andere Weise. Er trägt zur befreienden Entfaltung bei, indem er eine explosive Grenzsituation schafft, die dazu imstande ist, das Problem des Schülers zu lösen.

Wenn die Meister zur Überzeugung gelangten, daß ihre Form der Pädagogik für einen Schüler ungeeignet war, zögerten sie nicht, ihn an eine andere Schule zu schicken.

Eine authentische Lehre kann sich nicht zu einem Kompro-

miß herablassen. Es ist Aufgabe des Schülers, den Lehrer zu verstehen und nicht umgekehrt.

Die Lehrlinge des Ch'an zogen manchmal jahrelang von Kloster zu Kloster, auf der Suche nach einem Lehrer, dessen Unterricht und Persönlichkeit sie voll zufrieden stellten, wobei sie sich gegenseitig über ihre Entdeckungen informierten. Diese spirituelle Bewegung ist in der Geschichte Chinas sozusagen beispiellos.

A) Das Haus von Yun-Men (gestorben im Jahr 949)

Die Ausstrahlung und Eloquenz Yun-Mens sind einzigartig. Im Gegensatz zu Lin-Tsi, mit dem er oft verglichen wird, schreit und schlägt er nicht, aber seine Worte sind wie Kanonenkugeln, die ins Schwarze treffen und tief ins Bewußtsein seiner verblüfften Zuhörer dringen.

Wenn er von der mythischen Geburt Buddhas erzählt, dessen Lebensbeschreibungen gern über Wunder berichten, behauptet er ganz unverblümt: *»Hätte ich dieser Szene beigewohnt, hätte ich ihn mit einem Schlag ins Jenseits befördert und sein Fleisch den Hunden zum Fraß vorgeworfen. Das wäre ein guter Beitrag zum Frieden und zur Harmonie der Welt gewesen.«*

Yun-Men ist kein Zyniker, seine schockierenden Worte versuchen, das stillstehende Bewußtsein seiner Anhänger zu erschüttern, die in einer falschen religiösen Saturiertheit vor sich hindämmern.

Yun-Mens Boshaftigkeit ist dazu bestimmt, die Apathie und den Stillstand seiner Mönche in Bewegung zu setzen, die sich durch die Ausübung der sitzenden Pseudo-Meditation sicher und durch die klösterliche Disziplin beschützt fühlen.

»Selbst wenn ich in der Lage wäre, ein Wort auszusprechen, das zu eurer sofortigen Erleuchtung führen würde, wäre das, als schüttete ich Abfälle über eure Köpfe.«

Sich der Eitelkeit der Reden und ihrer Ohnmacht, die Wahrheit des Ch'an zu vermitteln, voll bewußt, entschuldigte sich Yun-Men oft dafür, sprechen zu müssen. Oft nahm er seine Schüler beiseite und fragte sie: »Fehlt euch etwas?«

Ein herrliches Gedicht beschreibt die pädagogische Praxis dieses großen Meisters. Es ist ein spirituelles Wappenzeichen seiner Schule:

»Der Berg Yun-Mens, der in den Himmel ragt und die Wolken unter sich zu seinen Füßen läßt, ist steil und abschüssig! Seine wilden Bäche, die zu Tal stürzen, erlauben keinem Fisch, sich darin zu tummeln.

Sobald einer meine Türschwelle überschritten hat, kann ich erkennen, welche Ideen er mit sich trägt.

Wozu soll es gut sein, Staub aufzuwirbeln, der sich seit langen Jahren über eine alte Straße gelegt hat?«

Yun-Men bezieht sich ständig auf die persönliche Erfahrung, läßt alle religiösen oder philosophischen Anspielungen beiseite und zielt direkt auf die unmittelbare Entdeckung des Seins ab.

Der Ch'an besteht auf einem einfachen Leben und lehnt es ab, sich auf das morastige Terrain von Spitzfindigkeiten und Debatten über bestimmte Ideen zu begeben.

Tsao-Shan, der Nachfolger von Yun-Men, verfolgte den gleichen Weg der Annäherung. Seine Devise lautete: »Jeder Tag ist ein guter Tag!«

Einem Mönch, der ihn über das Wesen des Selbst befragte, antwortete er: »Das ist das, was frei über den Bergen schwebt und sich an den Bächen erfreut.«

Das natürliche Leben nahe bei den Elementen, das oft in den Texten und Dichtungen des Zen (siehe sechster Teil) zur Sprache kommt, ist vom Taoismus beeinflußt (vgl. das Buch dazu in dieser Reihe). Es ist Mittelpunkt und Triebfeder einer richtigen Haltung und einer richtigen Lebenseinstellung.

Der Verlauf eines Wildbachs, der Weg der Sterne, die Form eines Gefäßes spiegeln die Wahrheit des Ch'an wider (oder des Tao), ohne Rückgriff auf eine belehrende oder abstrakte Symbolik.

B) Das Haus von Fa-Yen (885–953)

Fa-Yen und seine Nachfolger unterscheiden sich von der traditionellen Form des Ch'an. Ehe sie das innerste Wesen des Anhängers erwecken, öffnen sie seine Aufmerksamkeit für die Geräusche, Bewegungen und Zeichen, die in unübersehbarer Zahl den Kosmos bevölkern.

Dem Taoismus näherstehend (dem Weg, der unter unseren Füßen verläuft) stützen sie sich nicht auf die pädagogische Vermittlung verbaler Lehren, sondern geben schweigend der Abwesenheit einer Unterscheidung zwischen »Äußerem« und »Innerem« Ausdruck.

Vor einer Predigt, die er vor der Kongregation halten mußte, lauschte Hsuan-Ha mit Entzücken dem Zwitschern einer Schwalbe, die in den Himmel aufstieg. Er rief aus: »Was für eine tiefsinnige Rede über die Wirklichkeit und welch klare Darstellung des Dharma!«

Und sogleich verließ er den Raum, ohne ein weiteres Wort zu sprechen ...

Das Zuhören und die vollkommene Aufmerksamkeit machen die rationalen Erklärungsversuche überflüssig.

Sobald wir uns dem nicht wahrnehmbaren Schwanken der äußeren Erscheinungen hingeben und aufmerksam bleiben gegenüber den unendlichen Variationen der Natur (diese Haltung erinnert unvermeidlich an den Betrachtungseifer der großen impressionistischen Maler), offenbart sich das tiefe Sein und verbindet sich allmählich mit der Palette unserer elementaren Wahrnehmungen.

Wei-Chen (968–1049) drückt in seiner Antwort auf die Frage eines Mönchs, warum er nie über den Zen spräche, diese fragende Spannung aus, die ebenso sehr von der Gelassenheit wie von der Heiterkeit herrührt:

»Warum sollte ich meine Worte verschwenden? Im übrigen bin ich viel zu faul, um mich einfallsreicher oder schwieriger Methoden der Darstellung zu bedienen. Ich kann also nichts anderes tun, als mich auf die immer wiederkehrenden Phänomene der Natur zu stützen, um Tag und Nacht die ewigen Wahrheiten des Ch'an auszudrücken und anschaulich zu machen.«

Ein japanischer Haiku (siehe sechster Teil) veranschaulicht auf wunderbare Weise dieses unmittelbare, sofortige Verständnis des einheitlichen Seins, das der Kontemplation entwächst.

»DIE LANGE NACHT
UND DAS RAUSCHEN DES WASSERS
SAGEN WAS ICH DENKE.« Gochiku

C) Das Haus von Tsao-Tung

Diese Schule bedient sich, ebenso wie die vorhergehende, weder Schlägen noch Schreiereien noch paradoxer Rätsel (Koan). Sie unterstreicht, ohne dabei gewaltsam vorzugehen, die vorübergehende Abhängigkeit der Phänomene, indem sie eine subtile Dialektik in fünf Punkten einführt, in der sich das Sein und die Offenbarung gegenseitig vervollständigen und aufheben.

»Sucht nirgendwo anders! Oder es flieht!
Jetzt gehe ich ganz allein. Ich treffe es überall an.
Es ist genau in diesem Moment – das was ich bin.
Ich bin in diesem Moment nicht das, was es ist.
Ich verstehe es nur auf diese Weise.
So kann es eine richtige Verbindung mit dem SOSEIN DES SELBST eingehen.«

1. Unter den Phänomenen verborgen sein
Wir dämmern ruhig in der Welt vor uns hin, ohne uns um irgend etwas zu kümmern, ohne Mißtrauen und ohne Fragen der verborgenen Wahrheit gegenüber.

2. Die Phänomene bringen sich unter dem Zwang des Seins in Einklang miteinander
Plötzlich erkennen wir, daß die Phänomene eine tiefere, geheimnisvolle und harmonische Realität verschleiern, in der wir unser wahres Gesicht erkennen.

3. Die »äußere« Welt, die gegenüber dem »inneren« Sein unempfindlich ist
Die Perspektive hat sich verkehrt. Die Dinge, Gedanken und die Natur entstehen und vergehen in einem unerschaffenen, blendenden Licht.

Das Rauschen des Wassers sagt, was ich denke

4. Das Sein und die Phänomene tauchen unterschiedslos auf
Nichts mehr wird wahrgenommen! Es gibt kein Subjekt mehr! Die Wahrnehmung ist ohne Stütze. Die Welt ist das Ziel und Ende des Seins. Die Erscheinungen drücken ihren unveränderlichen, tiefen Reichtum aus.

5. Das Sein und die Phänomene stehen in Flammen!
Welche Dummheit, das Sein und das Nicht-Sein bis zum Überdruß im Munde zu führen! Überlassen wir den Unwissenden die Leidenschaft für Wunder! Ein gastliches Haus, die Suppe auf dem Herd, was will man mehr?

D) Das Haus von Kuei-Shan

»Was ist das Tao?
›Die Abwesenheit des Geistes ist das Tao.‹
›Ich verstehe nicht!‹
›Alles was ihr tun müßt, ist, um den zu bangen, den ihr nicht versteht.‹
›Wer ist der, der nicht versteht?‹
Niemand anderer als ihr selbst!«

Es ist absurd, sich das Bewußtsein zu zermartern, um die Bedeutung des Tao oder des Ch'an zu erkennen.

Die Mäeutik* des Zen verweist den Schüler beständig auf sich selbst zurück wie einen Ping-Pong-Ball.

Die richtige Formulierung hängt nicht von der Erkenntnis ab. Der Zustand Buddhas, oder die Erleuchtung, wird durch die Verwirklichung des Bewußtseinszustands erreicht, der die Formulierung der Frage vorwegnimmt.

Ehe die Frage formuliert und verbalisiert werden kann, durchbohrt eine dauerhafte Spannung, die aus dem tiefsten Sein stammt, das Bewußtsein.

Indem wir genügend Aufmerksamkeit und Offenheit gegenüber der non-verbalen Regung zeigen, nehmen wir von Anfang an einen festen Platz inmitten unseres non-substantiellen und undifferenzierten Ursprungs ein.

Tchouang-Tse, der große taoistische Philosoph, dessen Denken die Lehre des Zen offensichtlich stark »beeinflußt« hat, bezeichnet das als »Umwandlung«: »sich am Ursprung vieler Dinge herumtreiben ...«

---

* Methode, durch Fragen etwas festzustellen, die auf Sokrates zurückgeht. (Anm. d. Ü.)

»Bewahrt die Einheit eures Willens, hört auf, mit dem Verstand zu lauschen, sondern lauscht mit dem Geist. Die Funktion des Ohrs beschränkt sich auf das Hören, die des Denkens beschränkt sich darauf, Bilder und Vorstellungen zu produzieren. Was den Geist betrifft, so handelt es sich dabei um eine Leere, die allen Dingen Widerhall gibt. Das Tao siedelt im Leeren. Und diese Leere ist das Aussetzen des Denkens.«

E) Das Haus von Lin-Tsi (verstorben im Jahr 867)

Ungefähr hundertfünfzig Jahre nach Huei-Neng bringt Lin-Tsi frischen Wind in das »Nicht-Denken« des Ch'an. Er stellt mit starker Faust die formalen Gegebenheiten der Doktrin auf den Kopf.

Dieser gefürchtete Bilderstürmer folgte Huang-Po nach und fuhr bei seiner Art der Unterweisung mit schweren Geschützen auf, die gegen die Versuchung der Verkleinerung und gegen trügerische metaphysische Formulierungen gerichtet waren.

Lin-Tsi verwendete in vollen Zügen verbale Ungeschliffenheiten und arbeitete an der Volkssprache, der die buddhistische Feinheit und Raffinesse nicht vertraut war. Heutzutage geraten die Universitätsgelehrten angesichts dieses Meisters, der wie ein Kutscher sprach, in Verzückung!

Das hat auch Paul Demieville betont, dem wir die Übersetzung und außerordentlich wichtige Erläuterungen verdanken. Lin-Tsi ist der erste, der der chinesischen Volkssprache einen kulturellen oder gar »literarischen« Status verschaffte ...

Indem der Ch'an sich der Sprache des einfachen Volkes bediente, konnte er auch im täglichen Leben der Bauern, Handwerker und Händler Fuß fassen.

Lin-Tsi belastet sich nicht mit abstrusen Formeln, vernachlässigt philosophische Anspielungen und mißbraucht die gelehrte Rede nicht. Seine von seinen Schülern festgehaltenen Reden verhalfen ihm zu nationalem Ansehen, aber er kümmerte sich wenig darum, sondern setzte sein »Zerstörungswerk« lieber fort.

Seine pädagogische Methode ist eine geradlinige. Sie vermittelt auf ganz konkrete Art und Weise die Erfahrung des Ch'an, indem sie die theoretischen Abstraktionen schamlos mit Füßen tritt.

Lin-Tsi schuf seine Mäeutik »vor Ort«. Um seinen Schülern die »Würmer aus der Nase zu ziehen«, führt er rauhe Methoden ein: Schreien, Rülpsen, Aufstoßen, Stockschläge oder ein plötzliches Herabstürzen von seiner Predigerkanzel. Diese aufsehenerregenden Handlungen, deren Sinn uns teilweise unklar bleiben muß, wirken auf das Bewußtsein der Zuhörer wie eine Geburtszange.

Diese gewaltsamen Angriffe Lin-Tsis bringen die Apathie seiner klösterlichen Gemeinschaft aus dem Gleichgewicht, die sich ständiger Verachtung ausgesetzt sah. Wir sind dazu gezwungen, den Ablauf dieser pädagogischen Sitzungen zu erläutern, die auf merkwürdige Art einer therapeutischen Theatralisierung gleichen.

Die Einfachheit des wahren Menschen

Diese spektakuläre, erstaunliche und bewußt schockierende Haltung unterliegt vielleicht einem auf Übereinstimmung basierenden System, dessen Hintergründe uns unbekannt sind.

Die Gespräche Lin-Tsis sind heftige Redeschlachten. In diesem intensiven Dialog leitet keine Heuchelei den Schüler auf den falschen Weg oder zerstört krampfhaft seine Widerstände.

Dieser Austausch zwischen Meister (Gastgeber) und Schüler (Besucher) kann verschiedene Formen annehmen, die von Paul Demieville hervorragend erläutert wurden.

1. Examen des Gastgebers durch den Besucher
Der Schüler macht »khat«, d. h., er läßt einen Rülpser los und versucht dann, dem Meister bezüglich eines klassischen Themas der buddhistischen Terminologie eine Falle zu stellen.

Der Meister läuft dabei Gefahr, sich in eine Diskussion über bestimmte Ideen zu verstricken und auf der Stelle zu treten, wenn er sich darauf einläßt, dogmatische Erklärungen oder unverständliche Erläuterungen abzugeben.

Daraufhin rülpst der Besucher erneut, um die Absurdität der Antwort zu unterstreichen. Wenn der Meister auf seiner Rede besteht, verspottet ihn der Schüler und verläßt ihn türenknallend.

2. Examen des Besuchers durch den Gastgeber
Der Meister versucht den Schüler zum Nachgeben zu bewegen, der sich dann wiederum in logistische Ausflüchte verstrickt und wie ein bedrohter Schiffbrüchiger an Dogmen klammert. Der Besucher will keine Vernunft annehmen und benimmt sich wie ein Esel auf dem Eis, der sich weigert, vorwärts oder rückwärts zu gehen, völlig von seiner ideologischen Fragestellung gebannt. Dies ist ein auswegloser Fall, und der Meister verjagt den Schüler mit Fußtritten.

3. Examen eines Gastes durch einen anderen Gast
Zwei Meister treffen sich und beginnen ein Gespräch. Der erste legt dem zweiten einen strittigen Punkt der Metaphysik dar. Aber dieser umgeht geschickt den gefährlichen Angriff und antwortet mit einer unsinnigen Rede. Der Frager, der von der Seriösität und der Rechtmäßigkeit der Frage seines Gegenübers

überzeugt ist, gratuliert ihm sofort dazu. Letzterer jedoch vermeidet diesen Verrat, indem er diese zumindest sehr zweideutigen Komplimente zurückweist.

4. Examen eines Besuchers durch einen Besucher
Zwei Schüler, eifrige Anhänger des Buddhismus, zeigen ihr Wissen. Sie beglückwünschen sich gegenseitig dazu. Der eine wie der andere sind völlig dumm, in ihrer Eitelkeit befangen, und zeugen in ihrer Unwissenheit von der tiefen Wahrheit des Ch'an.

Diese mit Fallen gespickte Mäeutik umschreibt das Ziel von Lin-Tsi: die Wahrheit zu erlangen, indem man systematisch jegliche schwierige Formulierung vermeidet, die sich auf die Lehre bezieht.

Den Buddhismus zu kennen, hilft strenggenommen gar nichts, wenn man nicht in der Lage ist, dieses Verständnis in angemessene Taten und Worte umzusetzen. Deshalb werden Zweifel, Nachdenken und Reflexion durch Stockhiebe und Flüche bestraft.

Lin-Tsi spricht nie vom »Geist«, dem »kosmischen Verstand«, dem »Nicht-Denken« oder von Buddha, den er mit einer »Latrinengrube« vergleicht.

Seine Methode besteht in einer Zerstückelung des Verstandes, einer psychologischen Bloßlegung, die dazu dient, den »wahren Menschen« zu entdecken, der von seinen Abhängigkeiten und von seinem Dünkel befreit ist.

Der wahre Mensch, wie Lin-Tsi ihn versteht, ist zweifelsohne die schönste »Errungenschaft« des Ch'an. Es geht nicht darum, zu übertreiben, indem man sich aufsehenerregenden Kasteiungen aussetzt oder die Schriften auswendig lernt, sondern darum, im Hier und Jetzt seine wahre Natur zu entdecken.

Der wahre Mensch wird nicht von Äußerlichkeiten bestimmt, er drückt seine tiefe ontologische Nacktheit aus, ohne sich dabei auf seine soziale Umwelt zu beziehen oder sich auf ein den Texten der Doktrin entnommenes Wissen zu stützen.

Eine Geschichte des Zen illustriert diese hartnäckige Suche des nicht von Äußerlichkeiten bestimmten Menschen.

Eines Tages wurde der Meister Keichu vom Gouverneur von Kioto, Kitagki, zu einer privaten Unterredung gebeten. Letzterer pflegte seine Titel auf einer Visitenkarte zur Schau zu stellen.

Keichu ließ ihn sogleich wissen, daß er mit einem solchen Menschen nichts zu tun haben wolle.

Kitagki verstand auf Anhieb den Grund dieser Ablehnung, entledigte sich mit einem Strich seiner Honoratiorenbürde und ließ nur seinen Namen stehen. Als sein Diener dem Meister die geänderte Karte überbrachte, rief dieser sogleich aus: »Oh! Ich wäre glücklich, diesen Menschen zu treffen!«

Der Ch'an im Verständnis Lin-Tsis macht keine weltlichen Zugeständnisse. Im Hinblick auf den wahren Menschen »ohne Eigenschaften« darf sich niemand anmaßen, Nutzen aus seinen Titeln oder politischen und gesellschaftlichen Funktionen zu ziehen.

»Benehmt euch so normal wie nur irgend möglich, nicht so geziert!«

»Sei dein eigener Herr, wo immer du auch bist, und sofort wirst du ein wahrer Mensch sein.«

Der wahre Mensch ist von Äußerlichkeiten unabhängig.

Nach Huei-Neng und Chen-Huei sprach sich auch Lin-Tsi ständig gegen die sitzende Meditation aus, nicht weil sie an sich schlecht ist, sondern weil sie schließlich zu einem unüberwindbaren Hindernis und zu einer unheilvollen einschränkenden Gewohnheit werden kann.

»Es gibt bestimmte blinde Glatzköpfe, die, nachdem sie ihre Körner gegessen haben, im Sitzen meditieren, um sich kontemplativen Techniken hinzugeben. Sie bemächtigen sich aller Unreinheiten des Geistes, um zu verhindern, daß diese weiter entstehen. Sie suchen die Ruhe aus Abscheu vor dem Lärm, dies sind ausgesprochen ketzerische Vorgehensweisen.«

»Wenn ich sage, daß es kein Gesetz gibt, das außerhalb zu suchen sei, sind die Lehrlinge verletzt und verstehen mich nicht. Sie schließen vielmehr daraus, daß sie in ihrem Innern danach suchen müssen.

Also setzen sie sich nieder, an eine Mauer gelehnt und bleiben in die Meditation versunken, mit schweigender Zunge.«

Lin-Tsi durchschneidet die Bande, die uns an unsere Reflexe, Projektionen und Strategien des Verstandes binden. Er zerstört die Erstarrungen des Denkens und beraubt es seiner Stützen.

»Wollt ihr die Dinge so sehen, wie es das Gesetz vorsieht? Hütet euch davor, euch von den Menschen auf Abwege führen zu lassen. Tötet alles, was ihr außerhalb eurer selbst findet, und auch das, was ihr in euch selbst entdeckt!«

Noch nie zuvor hatte der Ch'an etwas derartig negativ ausgedrückt. Lin-Tsi nimmt dabei nicht aus: weder Buddha noch das Gesetz (Dharma) noch die Praxis.

Diese Forderung ist in gewisser Hinsicht ziemlich pathetisch. Ihre Wut, ihre Gewalttätigkeit und ihre Provokationen rechtfertigen vielleicht eine gewisse Bitterkeit und Schärfe, die im übrigen in der folgenden Rede zum Ausdruck kommen, die von ihrem Übersetzer zurecht als eine der schönsten angesehen wird. Der Meister kann nicht umhin, eine starke Isolation zu empfinden, wenn er die Passivität, die Weinerlichkeit und Apathie seiner Schüler sieht, die sich in einem offensichtlichen spirituellen Stillstand befinden.

»Was meine höchsteigene Form des Handelns betrifft, wie ich sie heute anwende, so ist sie in Wirklichkeit ebenso kreativ wie destruktiv. Ich tändle mit spirituellen Verwandlungen herum. Ich habe Zugang zu allen Dingen, aber ich bleibe dennoch mittellos, in welcher Situation auch immer. Die Dinge werden mich nicht dazu bringen, eine andere Bahn einzuschlagen. Wenn sich nur einer auf der Suche nach mir hierher verirrt, so gehe ich hinaus und sehe ihn mir an. Er erkennt mich nicht.

Ich ziehe also alle möglichen Kleider an, die den Lehrling zu Interpretationen verleiten. Und auf einmal beginnen meine Worte und Sätze auf ihn zu wirken.

Oh, Bitternis! Diese blinden Kahlgeschorenen, diese Männer, die keinen Blick haben, bemächtigen sich der Kleider, die ich angelegt habe, um mich in Blau, Gelb, Rot oder Weiß zu sehen.

Und sobald ich sie ablege, um in reine Bereiche vorzudringen, so

Das Geheimnis liegt darin, sich an das Gewöhnliche zu halten

streben auch die Lehrlinge plötzlich nach Reinheit. Und wenn ich auch noch dieses Gewand der Reinheit ablege, so sind sie alle verloren und wie vom Donner gerührt.

Sie fangen an, wie Verrückte zu rennen und schreien, daß ich nackt sei! Also sage ich ihnen: ›Erkennt ihr endlich den Menschen in mir, der Kleider trägt?‹

Und auf einmal wenden sie sich um und erkennen mich in diesem Augenblick.«

5. NAN CHUAN (748–834) UND CHAO-CHOU (778–897)

Diese beiden Meister setzten auf ihre Art die Unterweisung Lin-Tsis fort. Aber die Doktrin verlor an Einfluß und lief Gefahr, vom didaktischen Diskurs und der Exegese der Dialoge verfälscht zu werden.

Eines Tages schloß sich Chao-Chou in die Küche des Klosters ein und setzte sie ungerührt in Brand, ehe er laut um Hilfe zu rufen begann. Von seinen Schreien alarmiert strömten die Mönche herbei, aber er weigerte sich, ihnen zu öffnen und wartete auf das »richtige Wort«.

Nan-Chuan reichte ihm wortlos den Schlüssel durchs Fenster.

Chao-Chou machte, offensichtlich zufrieden mit dieser Reaktion, die Tür auf und verließ ohne ein Wort den Raum.

Nan-Chuan hätte die Türe von außen öffnen können, aber diese rationale Haltung entspricht nicht der Wahrheit des Zen. Man kann nur von innen öffnen, aus sich selbst heraus ... allerdings unter der Bedingung, daß ein Meister den Schlüssel dazu liefert ...

Diese Anekdote illustriert die Übermittlung des Geistes, die so viele Berichterstatter nicht begriffen haben.

Chao-Chou beliebte festzustellen: »Ich habe nichts im Innern, und ich suche nichts im Äußeren.«

Einen neuen Schüler, der sich rühmte, mit leeren Händen anzukommen, forderte er auf: »Dann lege sie auf den Boden.«

Dumm, wie er war, blieb der Schüler in seinem Irrtum verhaftet. »Was sollte ich niederlegen, wo ich doch nichts mitgebracht habe?«

Chao-Chou schalt ihn aus: »Nun gut! Dann trag es weiter!«

Dieses Beispiel veranschaulicht die von Lin-Tsi vererbte Mäeutik. Der Besucher (der Schüler) stellt dem Gastgeber (Meister) eine Fangfrage über einen Punkt des Ch'an (mit leeren Händen kommen: ohne Gedanken und besitzlos sein), aber dieser besonders bornierte Schüler begnügt sich damit, eine Formel zu wiederholen. In Wirklichkeit ist er voll von vorgefertigten Vorstellungen. Der Meister versucht, ihm zu helfen, indem er ihm befiehlt, diese Last abzuwerfen (seine falsche Mutmaßung über die Wahrheit), aber der Schüler begreift den Sinn dieses Verweises nicht und flüchtet sich in den Gemeinplatz, das Klischee des Zen. Gutmütig versucht der Meister ein letztes Mal, ihm den Weg zu weisen ...

Die Unverblümtheit des Ch'an und seine volkstümliche Sprache unterlaufen die Süffisanz mancher Anhänger.

Einem Mönch, der ihn nach dem »wichtigsten Lebensprinzip des Zen« fragte, antwortete Chao-Chou: »Ich muß jetzt mal pissen gehen. Stell dir vor, selbst eine so unbedeutende Sache muß ich persönlich erledigen!«

Dieser Abgang erinnert an ein berühmtes Wort von Lin-Tsi:

»Meine Schüler, für den Zen gibt es keine Arbeit, es ist lediglich wichtig, sich im gewöhnlichen Leben zurechtzufinden und ohne Umstände zu scheißen und zu pissen, sich anzuziehen und zu essen!«

Diese ungeschminkte Rhetorik blieb leider bald in ihrer eigenen Betrachtung stecken und versandete. Sicher ging der Geist des Ch'an nicht verloren oder wurde verschwendet. Das spirituelle »Kapital« trug unter den Song und selbst bei einigen japanischen Meistern reiche Früchte, aber der ursprüngliche Impetus war versiegt.

Seines Elans der Gründerzeit beraubt, war der Ch'an unwiderruflich zum Wiederkäuen des Bisherigen verdammt.

So verkam der Gebrauch des Koan (siehe folgender Teil) zu einem mehr oder weniger angebrachten Kunstgriff, einem manchmal wirkungsvollen Kompromiß, der nichtsdestotrotz dazu herhalten mußte, den Verlust an Authentizität zu überdecken.

Chao-Chou bemerkte diesen Niedergang des Ch'an, der einst ein höheres Niveau besessen hatte, bereits, als er erklärte:

»Vor neunzig Jahren habe ich mehr als achtzig erleuchtete Meister aus dem Geschlecht der Matsu gekannt, die alle schöpferische Kreaturen waren. In den letzten Jahren ist der Ch'an immer unbedeutender und weitverzweigter geworden.

Sich ständig weiter vom ursprünglichen Geist der Männer der höchsten Weisheit entfernend, wird sich der Degenerierungsprozeß von Generation zu Generation fortsetzen ...«

VIERTER TEIL

Eines Tages entdeckten Ma-Tsu und Po-Chang bei einem Spaziergang Wildgänse, die sehr hoch oben im Himmel flogen.

»Was ist das denn?« fragte Ma-Tsu.

»Das sind Wildgänse«, antwortete Po-Chang.

»Wohin fliegen sie?« wollte Ma-Tsu wissen.

Po-Chang erwiderte: »Sie sind bereits weg.«

Plötzlich packte Ma-Tsu Po-Chang bei der Nase und drehte sie so heftig, daß dieser vor Schmerz schrie.

»Wie«, rief Ma-Tsu aus, »wie konnten sie wegfliegen?«

In diesem Moment vollzog sich für Po-Chang seine Erleuchtung.

»Der Zen-Buddhismus«, Alan Watts

Geschichte und Anwendung des Koan Zen

Was ist Koan? – Technik des Koan – Die Sammlung der Steilküste – Der Weg ohne Pforte – Das Koan des Rinzai

A) Was ist Koan?

Koan ist die japanische Übersetzung des chinesischen Worts Kong N'Gan, das wörtlich »offizielles« Dokument oder Fall für die Rechtsprechung bedeutet.

Wir haben in den vorangegangenen Kapiteln ausführlich die kurzen Dialoge zwischen den Ch'an-Meistern und ihren Schülern erwähnt. Die meisten dieser »Anekdoten« sind Koans.

Das Koan ist eine »Angelegenheit«, eine paradoxe Situation, die voller Rätsel und offensichtlich unverständlich ist: Die »Antworten« (verbal oder durch Gesten) erscheinen fremd und mit den Tatsachen der vorhergehenden Erläuterung unvereinbar.

Koan könnte soviel heißen wie: spannende Fragestellung, die auf der Stelle die Mechanismen des diskursiven Denkens unterbricht und zu einem Schweigen führt, zu einer erhellenden Leere, die das logische Denken auslöscht.

Das Koan entspringt einer intensiven Diskussion zwischen Meister und Schüler. Es entsteht spontan, so wie ein Funke entsteht, wenn man zwei Feuersteine aneinanderschlägt.

Es ist Gelegenheit und Herausforderung zugleich. Eine Gelegenheit zur Rückbesinnung des Geistes auf sich selbst. Eine Provokation, die dazu dient, den Sprecher in einen Ausnahmezustand zu versetzen und trockenen Fragen auszuliefern, ohne Rückgriff auf die Rationalität.

Ein Ausdruck des Ch'an bekräftigt diese Art von psychologischer Prüfung, der der Schüler unterworfen ist. Es heißt, daß dessen Erweckung sich »durch das Wort des Meisters« vollziehe.

Das Koan überwältigt den Intellekt, verursacht einen Kurzschluß des Denkens, lähmt den kritischen Sinn und seinen verbalen Ausdruck. Verstand und Gedächtnis werden gewaltsam eingestellt ...

Der unzeitgemäße Gebrauch des Koan bringt die Absurdität des logischen Denkens mit sich, enthüllt dessen grundsätzliche Inkohärenz und erhält die fragende Wachsamkeit (Smrti) auf Kosten der Mutmaßungen des Verstandes aufrecht.

Die Methode des Koan, die zur Zeit Huang-Pos (IX. Jahrhundert) entstand, wurde zu einer der bemerkenswertesten Besonderheiten des Ch'an, jedoch erst im XII. Jahrhundert wurde sie systematisch angewandt.

Die Meister des Goldenen Zeitalters waren schöpferische Naturen, die fähig waren, bewußt Grenzsituationen zur Übermittlung ihrer Lehre herbeizuführen. Sie erfanden Koans, die den Umständen und der Persönlichkeit ihrer Schüler angepaßt waren.

Danach wurde der Ch'an immer schwächer, und seine Kraft nahm ab. Die Meister der Song-Dynastie mußten auf frühere Koans zurückgreifen, auf »historische Fälle«, die die Schüler gesammelt hatten.

Das Koan ging in die Geschichte ein: Es wurde untersucht, kommentiert und eingeordnet und somit selbst zum Gegenstand der Lehre des Zen. Sein Gebrauch wurde künstlich systematisiert. Die Erben des Ch'an, die nicht in der Lage waren, neue »Schlüsselsituationen« zu erfinden, begnügten sich von nun an damit, ihren Schülern die »klassischen« Koans zu stellen.

Das Koan, die Substanz der handelnden Lehre, wurde zum Mittelpunkt der Pädagogik.

Man muß jedoch zugeben, daß dieser Gebrauch nur eine Notlösung ist und von einer Konvention der Lehre herrührt, die der ursprünglichen Spontaneität entgegensteht.

Der Ch'an hat sich in gewisser Weise selbst überlebt, was auf die Systematisierung der »klassischen« Koans zurückzuführen ist. In Japan wurde er der grundlegende Bezugspunkt für die Schule des Rinzai, wie D. T. Suzuki unterstreicht: »Das Koan verhinderte den völligen Untergang des japanischen Zen.«

Es wäre abwegig, das Koan unter dem Vorwand einer mißbräuchlichen Anwendung zu »verurteilen«. Trotz allem setzt seine Anwendung die schöpferische Spontaneität der Meister des Goldenen Zeitalters fort.

Das Koan ist wie der Geruch, der in einem alten Baum ständig vorhanden ist, auch wenn er nur jedes Frühjahr blüht. Es ist das stolze und altersgraue Zeichen einer bewundernswerten spirituellen Epoche. Es auf seinen unmittelbaren Gebrauch zu reduzieren, ist Sache der Unwissenden, wir müssen uns von seinem Duft betören lassen und ohne Unterlaß versuchen, es zu begreifen.

Wenn es noch einen Zugang zum Ch'an gibt, dann ist es Aufgabe des Koans, die unzählig sind wie die Wellen des Ozeans, uns den Schlüssel dazu zu verschaffen ...

B) Technik des Koan

»Der Zen ist ein Kampf auf Leben und Tod, den man nicht leicht nehmen darf.«

Der Gebrauch des Koans kommt nicht ohne Dringlichkeit aus: Der Schüler wird angehalten zu sprechen, irgend etwas zu sagen.

Der Meister muß unantastbar bleiben und jeden Kompromiß mit dem Schüler vermeiden, der sich immer noch hinter seinen letzten Mauern verschanzt und spürt, wie er den Boden unter den Füßen verliert.

Wenn man der allgemein akzeptierten Auffassung Glauben schenken darf, ruft das Koan einen »entscheidenden Satz« hervor, dessen Inhalt den Grad des Verstehens zum Ausdruck bringt. Sobald der Schüler zu Ende gesprochen hat, kann der Meister die genaue Tiefe seiner spirituellen Reife erkennen.

Der Gebrauch eines Koan zerstört die »normale« Kommunikation zwischen Hörer und Sprecher. In Wirklichkeit bedeuten die ausgesprochenen Worte selbst nichts mehr, sie lösen sich sofort in ihrer ursprünglichen Quelle auf.

Wir haben stillschweigend einen Vertrag erneuert, mit dessen Hilfe wir Gedanken und Gegenstände logischerweise eine Existenz zusprechen. Die Subjekt-Objekt-Beziehung wird durch die exzessive Wertschätzung der konventionellen Sprache aufrechterhalten. Die Worte gewinnen die Oberhand über die Sprache.

Der Austausch zwischen Lehrer und Schüler, dessen Lösung des Koan-Rätsels ein Anfang ist, befreit die Interpreten von der okkulten Tyrannei der Sprache.

Die Absurdität der Logik

Das Koan und seine vielfältigen Interpretationen, die Teil des Geheimnisses der Mäeutik sind, bedeuten in Wahrheit gar nichts. Aber paradoxerweise eröffnet das Begreifen dieses »Nichts« eine schweigende Perspektive, die die logische Rede abschafft. Das Koan enthüllt die Tatsache, daß die Welt, wie wir sie kennen, nur ein von der Sprache abhängiger Teil ist.

Indem er die willkürliche Verwendung und Verknüpfung der Worte zerstört, zielt der Zen auf eine reine Wahrnehmung ab, auf eine grenzenlose Öffnung jenseits der Sprache.

Die Realität ist »prä-linguistisch«. Gewohnheit, Erziehung und Bildung nähren beständig die diskursive Rede, die das Wirkliche überlagert.

Jedes Wort ist substanzlos, sinnentleert, es wird durch die Beziehung bestimmt, die es zu anderen, ebenfalls hohlen Worten, unterhält ...

Die Dynamik des Koan basiert auf einem Wort, das den Kernpunkt des »Falls« bildet, der den Scharfsinn des Schülers fordert.

Dieses Wort (auf chinesisch Hua-t'ou, was, wörtlich übersetzt, »Kopf des Wortes« bedeutet) läßt die didaktische Darlegung der erwähnten Anekdote zerbersten, es explodiert im kritischen Moment und schwächt die für den Verstand akzeptablen Gegebenheiten.

Ein Mönch fragte Chao-Chou:

»Besitzt ein Hund das Wesen Buddhas?«

»Nein!« (auf chinesisch Wu, auf japanisch Mu)

Dieses Koan ist zweifellos das berühmteste, das von den japanischen Meistern der Rinzai-Schule am häufigsten verwendete.

Die Frage entspringt wie immer einem rationalen Erklärungsversuch. Die Antwort untersagt strikt jede Miteinbeziehung der Logik.

Das »Nein!« von Chao-Chou ist das Hua-t'ou.

Ta-Hui (XII. Jahrhundert) systematisierte den Gebrauch dieses Koans, das er für das radikalste Mittel zur Erweckung der unkonditionierten Natur seiner Schüler hielt.

Die Formulierung ist einfach und ohne Umschweife: Nachdem der Meister seinem Schüler das Koan dargelegt hat, wartet er darauf, daß sein Schüler verbal oder durch Gestik sein Verständnis des Hua-t'ou erklärt und offenbart.

Was bedeutet dieses »NEIN«? Eine Zustimmung? Eine Verneinung? Der Schüler muß dieses Hua-t'ou SEIN ...

Das Wort ist rein: seiner linguistischen Bedeutung entledigt, zielt es geradewegs auf die tiefste Wahrheit.

Das Hua-t'ou verhindert das logische Denken. Es nistet sich in den Geist ein wie eine Zeitbombe, die nach einer Störung des Verstandes stillschweigend im Bewußtsein des Schülers explodiert.

Die durch den Gebrauch des Koans eingeführte Pädagogik

rührt – wie wir bereits betont haben – von einer Prüfung her, von einer dauerhaften Fragestellung, die der Sprache hart zusetzt und deren falsche Reflexion unterbricht.

Das Hua-t'ou führt zum raschen Zerfall der Sprache. Es entsteht aus einer unpersönlichen, unkonditionierten Wahrnehmung und rührt letztendlich von einer nichtwahrnehmbaren, subtilen Realität her.

Das Hua-t'ou (»Kopf des Wortes«) ist ein Vorgeschmack auf die Wahrheit; es suggeriert ein ursprüngliches Schweigen.

Wu-Men hat hervorragende Erläuterungen zur Überwindung dieses vom »NEIN« Chao-Chous aufgestellten Rätsels gegeben.

»Wenn ihr diese Barriere überwinden wollt, so verwandelt die Gesamtheit eures Geistes und Körpers in einen einzigen Zweifel und konzentriert euch auf die Frage: »Was ist dieses Nein?«

Konzentriert euch Tag und Nacht auf diese Frage ...

Befaßt euch ständig weiter mit diesem Problem. Bald werdet ihr das Gefühl haben, eine glühende Eisenkugel verschluckt zu haben, die sich in eurer Kehle festgesetzt hat und weder heruntergeschluckt noch ausgespuckt werden kann.

Wenn ihr euch in diesem verzweifelten Zustand befindet, werden alle unnützen Kenntnisse, die ihr erworben habt, alle Formen des fehlgeleiteten Bewußtseins nacheinander weggefegt. Und wie eine langsam reifende Frucht wird eure Zeit reifen, und durch einen natürlichen Prozeß werden euer Inneres und euer Äußeres schließlich nur noch eine glatte Oberfläche bilden.«

Der Schüler muß das Hua-t'ou »schlucken« und es durch systematisches Zweifeln aufrechterhalten. Diese Technik begründet die »moderne« Praxis des Koan, die der ursprünglichen Spontaneität – so nehmen wir wenigstens an – fremd ist.

Durch mangelnde Lebendigkeit ist das Koan zu einem Vorwand geworden, zum Köder für eine prälinguistische, spontane Bewußtwerdung. Es liegt auf der Hand, daß dieser Gebrauch des Hua-t'ou, trotz seiner Authentizität, Gefahr läuft, zu einem bloßen Kunstgriff zu verkommen. Es obliegt dem Meister, tagtäglich den fragenden Weg des Schülers zu kontrollieren und ihn dazu zu zwingen zu sprechen ...

C) Die Sammlung der Schriften der »Grünen Steilküste« und des »Wegs ohne Pforte«

Wir wollen nun zwei chinesische Abhandlungen kommentieren, die aus der Song-Zeit stammen. Die Schriftsammlung der »Grünen Steilküste« und des »Wegs ohne Pforte« sind Zusammenstellungen und Erläuterungen der »klassischen« Koans aus der T'ang-Dynastie.

Das PI YEN LU oder »Die Sammlung der Grünen Steilküste«

Das Pi Yen Lu ist ein Klassiker der Literatur des Ch'an. Es umfaßt hundert »Fälle« oder »Begebenheiten«.

Ursprünglich war dieser Text nicht im Hinblick auf eine Publikation verfaßt worden. Es handelt sich dabei um eine umfangreiche Zusammenstellung von Kommentaren und Werken der Dichtkunst, die nacheinander von zwei Meistern der Song-Dynastie redigiert wurde. Der erste, Hiue-Teou (980–1052), war ein großer Gelehrter. Er verfaßte eine Reihe von Gathas und apologetischen Stanzen, die dazu bestimmt waren, die Worte der alten Meister des Goldenen Zeitalters zu interpretieren.

Der zweite, Huan-Wu (1063–1135), der eigentliche Verfasser des Pi Yen Lu, erging sich bei den vor seinen Schülern gehaltenen Vorträgen in schwungvollen und fantasiereichen Improvisationen über die von Hiue-Teou niedergeschriebene Urgeschichte und ebenso über dessen Stanzen, eher er seinen Vortrag mit seiner eigenen Interpretation schloß.

Ein Schüler Huan-Wus, Kouan-Iou, sammelte diese Schriften und gab sie im Jahr 1125 heraus.

Der Titel der Sammlung erinnert an das Ideogramm Pi Yen Lu, das an der Zimmertür des Meisters Huan-Wu stand.

Dieses Werk wurde von dem Mönch Toa-Touei verbrannt, doch blieben glücklicherweise weitere Exemplare in Umlauf, die zwei Jahrhunderte später (1302) wieder entdeckt wurden.

Zen ist ein Kampf auf Leben und Tod

Dogen, der Begründer der Soto-Schule, brachte sie ein Jahrhundert vorher nach Japan (1227).

Das Pi Yen Lu ist ein Schatz der Weltliteratur. Von seinem im wesentlichen von seiner Komposition bestimmten, komplexen Ansatz aus vermittelt es auf bewundernswerte Weise die Dynamik und die Lebenskraft des Ch'an (dessen letztes Erblühen es darstellt).

Man muß den Interpretationen Huan-Wus mit größter Vorsicht begegnen, da er die Betonung auf die jedes Mal unterschiedlichen Antworten der Meister und Schüler auf die grundsätzliche, das Koan einleitende Frage legt.

Durch jedes Wort hindurch zeigt sich die Spontaneität und offenbart ihren Reichtum und ihr starkes, mitreißendes Feuer.

Das folgende Beispiel entnehmen wir einer dem Ch'an gewidmeten Ausgabe der *»Cahiers d'Hermès«* (Dieses wunderbare Buch, das lange Zeit vergriffen war, wurde dankenswerterweise von der Editions des Deux Océans neu aufgelegt. Die beispielhaft klare und intelligente Übersetzung ins Französische besorgte Michel Belloni).

NAN-TS'IUAN SCHNEIDET EINE KATZE IN ZWEI TEILE

1. Die Initiationslehre Huan-Wus

Wenn ihr auf dem Pfad des Geistes nicht mehr weiter fortschreiten könnt, dann habt ihr die vollkommene Verwirklichung erreicht. Wenn die Worte nicht mehr ausreichen, um sie zum Ausdruck zu bringen, dann zögert nicht, eure innere Vision in voller Freiheit zu offenbaren, so wie der funkensprühende Blitzstrahl, der am Ende seiner Bahn noch immer imstande ist, einen Teich zu leeren oder in einen Berg einzuschlagen.

Ist denn keiner unter euch, der scharfsinnig genug ist, das Wesentliche zu erreichen?

Laßt uns versuchen, in diesem Sinn mit der Lektüre fortzufahren!

2. Das von Hiue-Teou auserwählte Koan

Eines Tages stritten sich die Mönche des östlichen und des westlichen Saals, die sich in zwei rivalisierende Gruppen aufgespalten hatten, um eine Katze.

3. Bemerkung von Huan-Wu

Das war wirklich nicht der Moment, um sich zu derartigen Ausfällen hinreißen zu lassen und auch nicht zu diesem ausufernden senilen Geschwätz!

2. Fortsetzung des Koan

Angesichts dieses Schauspiels packte Nan-Ts'uian die Katze und beschimpfte die Anwesenden mit folgenden Worten: Was soll das Ganze? Redet! Sonst schneide ich die Katze in zwei Teile!

3. Bemerkung von Huan-Wu

Durch eine Tat, die völlig im Einklang stand mit seiner tiefsten innersten Regung, setzte er sich gegenüber aller Welt durch. Dieser alte Mann hatte mehr als eine Möglichkeit, den Drachen ebenso wie die Schlange zu beherrschen.

2. Fortsetzung des Koan

Unter den Mönchen war keiner, der imstande gewesen wäre zu antworten.

3. Bemerkung von Huan-Wu

Jämmerlich! Sich eine derartige Gelegenheit entgehen zu lassen! Was kann man aus dieser Bande von Lackaffen schließen? Ihr sogenannten Mönche seht aus wie ein Haufen Hanf und Hirse!

2. Ende des Koan

Daraufhin schnitt Nan-Ts'iuan die Katze in zwei Teile.

3. Bemerkung von Huan-Wu

Bravo! Bravo! Hätte er nicht so gehandelt, hätte ihn alle Welt als unbedeutende Person betrachtet. Wenn ihr euren Bogen erst spannt, nachdem der Räuber bereits geflohen ist, ist es zu spät: Es kommt darauf an zuzuschlagen, noch ehe er eine Bewegung machen kann.

4. Der Kommentar Huan-Wus über das Koan

Betrachtet aufmerksam die Persönlichkeit dieses Meisters, der die Tradition lehrte, und laßt euch nicht von seinen sprunghaften Taten und seiner sich ständig verändernden Haltung blenden.

Zudem müßt ihr auf die Frage, »Was bedeutet seine Geste?«, eine Antwort finden. Unter den Ch'an-Anhängern im ganzen Reich wird diese Geschichte von der zweigeteilten Katze endlos diskutiert, wobei einige vermuten, daß sich das Wichtigste dabei hinter dem Akt des Ergreifens der Katze verbirgt, während andere wiederum annehmen, die Bedeutung der Frage liege im Zerteilen der Katze.

Welch ein Jammer! Durch die Äußerung derartiger Vermutungen zeigen sowohl die einen wie die anderen, daß sie nichts verstanden haben. Ihr müßt erkennen, daß Nan-Ts'iuan, hätte er nicht die Katze im richtigen Moment gepackt, die tiefere Wahrheit, die er aus diesem Zwischenfall ziehen wollte, lediglich gestreift hätte.

Ihr scheint nicht zu wissen, daß die alten Meister diesen durchdringenden Blick besaßen, der es ihnen erlaubte, Himmel und Erde das Fürchten zu lehren, aber sie besaßen auch das Schwert, um das Universum gewaltsam festzuhalten. (Huan-Wu bestätigt die Entartung des Ch'an. Anm. d. Ü.)

Also antwortet! Wer hat schließlich die Katze in zwei Teile gespalten? Ehe Nan-Ts'ian die Katze gepackt hatte, hatte er zu seinen Schülern gesagt: »Was soll das Ganze? Redet! Sonst schneide ich die Katze in zwei Teile!« Wenn sich auch nur einer gefunden hätte, der in der Lage gewesen wäre zu antworten, hätte der Meister dann auch diese grausame Tat begangen?

Meine Art, diese Frage zu werten, hat mich dazu geführt zu sagen, daß sich Nan-Ts'ian durch eine Tat, die völlig im Einklang stand mit seiner tiefsten, innersten Regung, gegenüber aller Welt durchsetzte.

Tatsächlich ist es so, daß, wenn es euch gelingt, über euer Bewußtseinsniveau hinauszugehen, so wie der, der seinen Kopf ausstreckte, um zu sehen, was jenseits des Himmels vor sich geht, ihr schließlich verstehen werdet, in welchem Zustand sich die gewöhnlichen Menschen befinden.

In Wirklichkeit hätte Nan-Ts'ian diese Katze genauso gut nicht in zwei Teile schneiden können, denn die Bedeutung dieser Geschichte hat nichts mit dem Zerteilen oder Nicht-Zerteilen zu tun.

Ich habe nun wirklich alles entschlüsselt! Jetzt ist alles klar! Beharrt nicht darauf, eure Suche nach der Wahrheit auf eure Gefühle und Leidenschaften zu gründen, noch auf eine intel-

Ein zerstörerisches Wesen

lektuelle Vorgehensweise, denn wenn ihr in einer derartigen Orientierung des Geistes verhaftet bleibt, bringt ihr dadurch eure Undankbarkeit Nan-Ts'ian gegenüber zum Ausdruck. Euer Blick sei nur auf die scharfe Klinge des Schwertes gerichtet! Auf diese Weise verwirklicht ihr das Sein und das Nicht-Sein und werdet schließlich den Zustand erreichen, in dem nicht mehr zwischen Sein und Nicht-Sein unterschieden wird.

Zu diesem Gedankengang wollen wir das I Ging (siehe dazu den Band in dieser Reihe, der sich mit dem »Buch der Wandlungen« beschäftigt) zu Wort kommen lassen.

»Einer Extremsituation ausgesetzt, ist es notwendig, seine Haltung zu ändern. Sobald man das einmal begriffen hat, finden sich Mittel und Wege, aus dieser gefährlichen Lage herauszukommen.«

Aber, ihr Menschen von heute, die ihr die Notwendigkeit dieser Form von Opportunismus nicht erkannt habt, ihr begnügt euch mit einer Annäherung an die Wahrheit durch die Schriften. (Neuerlicher Hinweis auf den verminderten Einfluß des Ch'an. Anm. d. Ü.)

Um seinen Schülern zur Erleuchtung zu verhelfen, ging Nan-Ts'iuan in der beschriebenen Weise vor, da er wußte, daß sie nicht imstande waren, die Unterscheidungsfähigkeit aus ihrer Haltung und ihren Worten fernzuhalten.

So beschränkte er sich darauf, sie Selbstvertrauen zu lehren, damit jeder, von Nebensächlichkeiten und Äußerlichkeiten befreit, sich seiner selbst völlig bewußt werden könne. Denkt daran, daß, wenn diese Konfrontation zwischen dem Meister und seinen Schülern sich nicht auf diesem Gebiet abgespielt hätte, kein einziger Mönch es geschafft hätte, sich endgültig dem Unaussprechlichen zu nähern.

5. Die apologetische Stanze von Hieu-Teou

In beiden Cliquen waren alle Mönche vom rechten Weg abgekommen.

6. Bemerkung von Huan-Wu

In seiner unvergleichlichen Sprache drückt er seinen eigenen Standpunkt aus.

In Kenntnis der Ursachen fährt er fort, einen komplizierten Fall zu lösen.

5. Fortsetzung der Stanze von Hieu-Teou

Sie befinden sich in einem Zustand dauerhafter Erregung. Was also ist zu tun?

6. Bemerkung von Huan-Wu

Vorsicht! Was heckt ihr gerade aus?

Dies ist ein fertiges richtiges Koan. Es gibt dabei etwas zu entdecken.

5. Fortsetzung der Stanze von Hieu-Teou
Zum Glück war Nan-Ts'iuan imstande, diese radikale Regung, die aus seinem tiefsten Innern aufgestiegen war, zum Ausdruck zu bringen.

6. Bemerkung von Huan-Wu
Er hebt seine Fliegenklatsche und spricht.

Das war so seine Gewohnheit. Es gibt etwas Bemerkenswertes in der Haltung des Meisters Wang. Deshalb hat er sich mit dem »Schwert des Diamanten« (die Erkenntnis) bewaffnet und wird die ganze Brut kurz und klein schlagen!

5. Ende der Stanze von Hieu-Teou
Gleichgültig gegenüber der Ungleichheit der Teilung, demaskiert er mit einem einzigen Messerhieb die beiden Parteien!

6. Letzte Anmerkung von Huan-Wu
Was für ein Sumpf!

Plötzlich hält da jemand ein Messer in der Hand bereit.
Aber seht doch nur! Was wird er tun?
Hört bloß nicht auf, wachsam zu sein!
Der Zwischenfall ist beendet.

7. Erläuterung der Stanze von Hieu-Teou durch Huan-Wu
Alle Ch'an-Mönche, aus denen sich die beiden gegnerischen Lager zusammensetzten, hatten sich in die Irre führen lassen.

Hieu-Teou hat ohne Bezugnahme auf die erstarrten Texte die Situation von einem opportunistischen und dynamischen Standpunkt aus beurteilt, denn er hat sich nicht durch die Verwirrung der widersprüchlichen Meinungen verunsichern lassen. So heißt es bei ihm auch: »Sie befinden sich in einem dauerhaften Zustand der Erregung, also was soll man tun?«

Ihr werdet bemerken, daß das Vorgehen Hieu-Teous in allen Punkten dem von Nan-Ts'iuan ähnelt: Ein einziger Vers genügt ihm, um den Schlußpunkt der Debatte auszudrücken.

Zwischen diesen beiden rivalisierenden Clans ist die privilegierte Stellung des Meisters keine einfache Aufgabe. Da um ihn herum tatsächlich nur Verwirrung und Agitation vorherrschen, was muß er also tun? Glücklicherweise hat er seinen

Schülern dieses Koan ganz abrupt gestellt, damit sie den Reichtum der vollkommenen Verwirklichung erlangen können.

Wie auch in ihrem Streit, haben sie noch einmal die Randbezirke der Stadt erreicht, sie konnten sich im folgenden also nicht in der Herberge wieder erholen: Das soll heißen, sie waren unfähig, ein Mittel zur Überwindung dieses Streits zu finden.

Und Hieu-Teou fügt hinzu: »Zum Glück war Nan-Ts'iuan imstande, diese radikale Regung, die aus seinem tiefsten Innern aufgestiegen war, zum Ausdruck zu bringen. Gleichgültig gegenüber der Ungleichheit der Teilung, demaskiert er mit einem einzigen Messerhieb die beiden Parteien!«

Aber wenn ihr diesen Akt des »Zerschneidens in zwei Teile mit dem Messer« weiter vertiefen wollt, so kümmert euch dabei ja nicht um den relativen Wert der beiden Teile des Resultats!

Antwortet jetzt hierauf: »Welcher Art war diese tiefe Regung, die Nan-Ts'iuans Tat vorausging?«

Das »OU MEN KOAN« oder »Weg ohne Pforte«

Diese Sammlung umfaßt achtundvierzig Koans. Jede Begebenheit ist gefolgt von einem knappen Kommentar in Versen oder Prosa.

In seiner Struktur weniger komplex als das PI YEN LU, ist das OU MEN KOAN das Werk eines einzigen Autors, Houeu-Kai (1183–1260).

»Weg ohne Pforte«, dieser seltsame Titel erinnert an die große Schwierigkeit, die Erleuchtung oder innere Verwirklichung stufenweise zu erlangen. Alle geistigen und sinnlichen Pforten müssen verschlossen bleiben. Die Erkenntnis ist gegenstandslos.

Das Überwinden oder die intuitive Lösung eines Koan vollzieht sich in einem Augenblick, man gelangt ohne sichtbare Anstrengung und ohne, daß es überhaupt wahrnehmbar wäre, in einen anderen Bewußtseinszustand.

»Die große Straße hat keine Pforten
Und trotzdem manch' schwierige Passage!
Sobald die Grenze überschritten ist,
Durchläuft man das Reich der königlichen Einsamkeit.«

Diese Sammlung ist in Japan hoch geschätzt. Sie wird ständig in den Predigten der Zen-Meister erwähnt, und die Koan, die darin festgehalten sind, bilden das pädagogische Fundament des »modernen« Zen (siehe im folgenden).

D) Die Methode des Koan in der Schule des japanischen Rinzai

Das Rinzai, das sich auf die Lehre von Lin-Tsi beruft, verwendet als einzige Schule das Koan als bevorzugtes pädagogisches Mittel. Das Soto des Zen »begnügt sich« damit, seinen Anhängern die sitzende Haltung – oder Zazen – vorzuschreiben, die fälschlicherweise mit der Erweckung des eigenen Wesens gleichgesetzt wird. (Wir wollen auf diese Haltung nicht näher eingehen, da sie in unseren Augen von der Doppeldeutigkeit, wenn nicht gar von einem Kunstgriff herrührt, den die Meister des Ch'an einst verurteilten.)

Der Neuling muß sich bei einem Roshi (japanischer Zen-Meister) bewerben. Wenn sein Gesuch angenommen wird, kommt er in die Obhut eines Mönchs, der ihm Teile der buddhistischen Doktrin sowie die Praxis des Zazen beibringt.

Wenn der Mönch der Ansicht ist, daß diese Lehrzeit zu Ende ist, führt er den Schüler vor den Roshi, der diesem ein Koan zur Lösung aufgibt.

Jeden Morgen nach der ersten Zazen-Sitzung werden die Schüler nacheinander vom Meister empfangen, damit sie ihr Verständnis für den ihnen unterbreiteten »Fall« unter Beweis stellen können. Diesen täglichen privaten Unterredungen (Sanzen) kommt im Rainzai eine grundlegende Bedeutung zu.

Der Meister macht sich auf diese Weise ein Bild vom spirituellen Fortschritt seiner Eleven und lenkt unwahrnehmbar ihre »Reflexion«, um am Ende den Zustand der »Verwirklichung« bei ihnen festzustellen.

Im Rinzai geht man davon aus, daß das erste, durch das Begreifen eines Koan erworbene Satori (strahlende Wahrnehmung seines ursprünglichen Wesens) zum Studium des Zen im eigentlichen Sinn führt. Die Lösung eines Koan beinhaltet im allgemeinen das Verständnis einer ganzen Reihe anderer »Fälle«.

Heutzutage wird als erstes Koan generell das berühmte MU dem Scharfsinn des Schülers als Aufgabe gestellt.

Solange der Schüler nicht fähig war, durch Worte, Gesten oder auch Schweigen sein Begreifen des NEIN im Sinne Chao-Chous zum Ausdruck zu bringen, bleibt sein intellektuelles und spirituelles Verständnis des Zen so gut wie null ...

In diesem Moment liegt alles in den Händen des Meisters. Seine Verantwortung ist schwerwiegend. Er muß beständig den Weg ohne Pforten weisen, die Annäherung des Schülers erleichtern und dessen Versuche leiten.

Jeder löst ein Koan auf seine Weise und überschreitet die Grenze, an der er sein Gepäck (seine Gedanken) zurückläßt.

Ohne einen Meister, der imstande ist, auf der Stelle den Grad der Erhellung eines Koans zu konstatieren und auf seine Glaubwürdigkeit hin zu überprüfen, bleibt der Schüler in einer Ungewißheit, unfähig, die Tiefe seines Verständnisses abzuschätzen, nicht wissend, ob sie vom Intellekt oder von der tiefen Intelligenz des Seins herrührt ...

Das SANZEN, die Verbindung von Geist zu Geist, der dialektische Höhepunkt, der an die Stelle der konventionellen sprachlichen Kommunikation tritt, um ein unbegrenztes Feld zu entdecken, das die Kategorien von Subjekt und Objekt abschafft, ist mit Sicherheit die Form von Pädagogik, die den japanischen Zen am stärksten dem chinesischen Ch'an annähert.

Es erscheint nichtsdestotrotz offensichtlich, daß die chinesische Mäeutik einer unmerklichen Veränderung unterworfen war, daß sich ihre wirkungsvolle und spontane Kreativität plötzlich »verhärtet« hat, als man sie einer willkürlichen reglementierten Disziplin anpaßte ...

So kam es, daß die ins Land der Aufgehenden Sonne »importierten« Koans nicht länger eine Gelegenheit, eine günstige Möglichkeit waren, um sich zum letzten Retter einer schwächer werdenden Lehre aufzuschwingen, einer Lehre, die von der Zeit überholt worden war.

FÜNFTER TEIL

»Ihr sollt nur an den heutigen Tag und die gegenwärtige Stunde denken, ohne euch jeden Augenblick mit dem Morgen zu beschäftigen. Ihr müßt den buddhistischen Weg einschlagen, während ihr gleichzeitig noch im Heute lebt, denn das Morgen ist schwierig und unsicher und mühsam vorauszusagen ... Ihr müßt euch auf die Praxis des Zen konzentrieren, ohne Zeit zu verlieren, und dabei immer daran denken, daß euch nur noch dieser Tag und diese Stunde bleibt. Dann ist alles ganz einfach. Ihr müßt das Gute und das Böse eures Wesens vergessen wie die Stärke und die Schwäche eurer Macht.«

»Wenn das Leben kommt, nehmt es so an. Wenn der Tod kommt, nehmt den Tod an. Es gibt keinerlei Grund dafür, daß sie euch beherrschen. Setzt keine Hoffnung darin. Dieses Leben und dieser Tod sind Leben und Tod Buddhas. Wenn ihr sie im Geist der Ablehnung zurückweist, verliert ihr das Leben Buddhas.«

Mazunaga. Zitiert von Alan Watts
in »Der Zen Buddhismus« (Payot)

Zwei Methoden der Zen-Meditation

Die zehn Bilder vom Büffel-Fang – Die Lehre von Hsu-Yun

A) DIE ZEHN BILDER VOM BÜFFELFANG

Vom VIII. Jahrhundert an pflegte der Ch'an die verschiedenen durch die Praxis erreichten Ebenen der Erkenntnis zu versinnbildlichen. Es handelt sich dabei um aus fünf bis acht Zeichnungen zusammengesetzte Darstellungen, die den Fang eines wilden Büffels zeigen.

Der Büffel gilt als »Symbol« der ursprünglichen Natur des Menschen beziehungsweise als Symbol dessen ursprünglichen Geistes.

Die Konturen des Büffels nehmen von Bild zu Bild ab, und die letzte Zeichnung stellt nur noch einen einfachen Kreis dar (die Vollkommenheit).

Die Japaner ließen sich ihrerseits von dieser ikonographischen Tradition inspirieren, wobei sie die Reihe um zwei oder drei Illustrationen ergänzten. Diese werden im allgemeinen von einer kurzen Erläuterung in Versform oder Prosa begleitet.

Abgesehen von der ästhetischen Qualität (die Kunst des Zeichnens, die kalligraphische Kraft, die den Grad der Erkenntnis des Künstlers ausdrückt) bilden diese Variationsreihen über ein einziges Thema eine außergewöhnlich gelungene Zusammenfassung der Pädagogik des Ch'an.

Augenscheinlich ist diese chiffrierte Aneinanderreihung Ausdruck der stufenweisen Perspektive, aber man darf sich dabei nicht täuschen lassen: Der Ch'an hat diese stufenweise »Logik« nur unter einem pädagogischen Aspekt angenommen, in Wirklichkeit bildet die Gesamtheit der Zeichnungen ein Ganzes.

Der Büffel (die nicht-substantielle Natur) ist nur ein Trick, um die Überbewertung der Gedanken zu enthüllen, die sich nach und nach im unerschaffenen Bewußtsein auflösen.

1. Die Suche nach dem Büffel

Wir drehen unserem wahren Wesen den Rücken zu. Unaufmerksam dämmern wir im Labyrinth unseres Verstandes vor uns hin und nähren unsere Projektionen, in Unsicherheit und in der Verwirrung unserer Gedanken gefangen, Opfer unserer Vorstellungen vom »Guten« und »Bösen«.

2. Die Entdeckung der Spuren
Die Meditation über buddhistischen Texten und das Erlernen der Wachsamkeit eröffnen einen neuen Horizont. Wir sind aufnahmefähiger und lebendiger, wir spüren frischen Wind. Das »Gute« und das »Böse« verdunkeln nicht länger unsere Wahrnehmungen.

3. Das Erscheinen des Büffels
Eine durch schweigendes Fragen erworbene Aufmerksamkeit rückt unsere Wahrnehmungen wieder zurecht. Langsam werden wir von der gegenseitigen Durchdringung von »Außenwelt« und »Innenwelt« erfaßt.

4. Der Büffelfang
Plötzlich öffnen wir uns der unkonditionierten Wahrheit. Vorstellungen und Begriffe lösen sich in einem wolkenlosen Him-

mel auf. Noch ist das Spiel nicht gewonnen, wir richten uns in einer nicht einzuordnenden, informellen Sicherheit ein.

5. Die Zähmung des Büffels

Die abwegigen Gedanken kehren zurück, und wir nehmen sie gelassen auf, ohne sie zu bewerten oder zu unterbrechen. Dies geschieht in einem Geist von Offenheit und Freimut.

6. Der Büffel findet in seinen Stall zurück

Von nun an befinden wir uns in einem Zustand völliger Ruhe, der nicht mehr von Emotionen, Versuchungen und Triebregungen begleitet ist, da letztere von selbst aufhören.

7. Der Büffel ist vergessen, nur das Bewußtsein ist noch vorhanden

Wir haben den Gedanken an unser wahres Wesen aus den Augen verloren. Wir genießen schweigend die Freude über unser unerschaffenes Bewußtsein.

8. Der Büffel und das Bewußtsein sind vergessen

Das Bewußtsein blieb Gegenstand der Befriedigung. Aber dieses vergängliche Hindernis hat sich nun von selbst aufgelöst. Der Geist ist nun völlig offen für alles, was geschieht, weder gleichgültig, noch darin verwickelt.

9. Die Rückkehr zum Ursprung

Wir bleiben nur in uns selbst fest verankert (»Wir tummeln uns am Ursprung von tausend Dingen« Tchouang-Tse). Die Verwandlung, die die Oberfläche der Äußerlichkeiten erschüttert wie die Wellen eines Gewässers, rührt von unserem Wesen her. Erkenntnis und Unwissenheit sind gleichfalls vergessen.

10. Der Marktplatz

Die Welt der Menschen erreicht uns erneut! Wir gehen auf den schmutzigen, heruntergekommenen Marktplatz und beweisen durch unsere Demut die Schönheit und Großzügigkeit der Dinge! Der Weise zeugt durch seine unpersönliche Gegenwart von der Erfüllung …

Wie es in dem japanischen Gedicht heißt:

»Mit entblößter Brust und nackten Füßen kommt er auf den Marktplatz
Staubbedeckt und voller Schmutz lächelt er dennoch breit!
Ohne Rückgriff auf übernatürliche Kräfte
Bringt er sogleich tote Bäume zum Blühen.«

B) DIE LEHRE VON HSU-YUN

Wir wollen nun kurz einen Text von Hsu-Yun erläutern, des letzten, im Jahr 1955 verstorbenen Ch'an-Meisters. Diese Erklärungen sind selbstverständlich mit Vorsicht zu genießen.

Um seinen Zuhörern das Verständnis zu erleichtern, unterscheidet Hsu-Yun acht Etappen, aber es wäre ein grober Fehler, diese Unterscheidungen als Rangordnung zu interpretieren. Man kann sehr wohl in einem einzigen Moment alle acht Bewußtseinsebenen erleben. Der Zeitbegriff ist der Zen-Meditation völlig fremd.

1. Unterscheidung zwischen Gastgeber und Gast
Gastgeber und Gast. Der Ch'an benutzt diese beiden Ausdrükke häufig, um uns dabei zu helfen, die Gedanken (der Gast) und unsere unberührbare Natur (der Gastgeber) zu unterscheiden.

Wir müssen das Auftauchen der Gedanken (Gast) aufmerksam beobachten, ohne den Versuch zu unternehmen, sie zu unterbinden, aber auch ohne den unveränderlichen Hintergrund des Bewußtseins (Gastgeber) aus den Augen zu verlieren, vor dem sie erscheinen und wieder verschwinden.

2. Die Ausübung des Zweifels oder Huat'ou
Der Gebrauch des Zweifels ist ein Charakteristikum des Ch'an, obwohl auch einige indische Gelehrte ihn mit in ihre Lehre einbezogen hatten. Das Bild eines Menschen, der am Ast sägt, auf dem er selbst sitzt, wird der Praxis des Zweifels ziemlich gut gerecht!

Um die schädlichen und abwegigen Funktionen des Intellekts kurzzuschließen, lassen wir in unserem Geist einen ebenso feinen wie möglichst subtilen Zweifel erblühen.

Wir führen in den Gang unserer Gedanken ein Element der Instabilität ein, das aus dem Zweifel erwächst. Zwischen den einzelnen Gedanken entsteht ein Zaudern, sie hören auf, nahtlos ineinander überzugehen. Der Automatismus der Assoziationen wird unterbrochen ... Dank des Zweifels bahnt sich langsam ein Freiraum seinen Weg. Dieser Zweifel leitet die Vorahnung der wahren »inneren« Freiheit ein.

Die Frage nach dem »WER«?, die ohne Unterlaß gestellt wird, egal, welchen Reflexionen oder Gedanken wir gerade anheimfallen, führt zu einem meditativen Zustand. Nach und nach entsteht der Zweifel, die Frage nach dem »WER?«, von selbst, ohne rationales Eingreifen. Wir müssen uns indessen davor hüten, den Gebrauch des Zweifels zu systematisieren, sondern ihn mit Vorbedacht anwenden. Durch die Frage nach dem »WER?« ist die Außenwelt ihrer Wahrnehmungsfähigkeit beraubt, verliert ihre Macht und »vertrocknet«.

Der Zweifel oder Huat'ou drückt sich in der Praxis des Ch'an im allgemeinen in Form eines Rätsels aus, das der Meister seinem Schüler aufgibt, der es ganz in sich aufnehmen muß (siehe vierter Teil).

Der Schüler darf den grundlegenden Zweifel, der vom Huat'ou inspiriert ist, nicht aufgeben. Er muß an diesem Wort oder Satz »herumkauen« (und mit dem »NEIN« von Chao-Chou leben).

Der Huat'ou stellt dem Intellekt eine Falle, erschöpft dessen assoziative Quellen, um ihn dazu zu bringen, seine eigenen Fesseln zu lockern und eine dauerhafte Entspannung des Geistes herbeizuführen.

3. Von der Aufmerksamkeit für ein Huat'ou zur Ausrichtung des Gehörs auf das Innere, auf das Wesen des Ich

Das Gehör orientiert uns ständig nach außen, wir folgen den Geräuschen und dem Geschrei der Welt. Das Ohr zieht uns in den Lauf der Dinge hinein. Die Festigung des Zweifels führt zu

einem nach innen gerichteten Lauschen. Es gibt keinerlei Unterschied zwischen dem Schweigen und dem Hören. Die Geräusche entstehen und vergehen in diesem Lauschen. Indem wir zuhören, richten wir uns gegen den Strom der Objektivierung. Indem wir das Wesen des Hörens in Zweifel ziehen, durch die Frage »WER HÖRT?«, meditieren wir ...

4. Über die Ernsthaftigkeit, die man aufbringen muß, um den Willen, das Samsara zu verlassen, zu stärken, und über die Entwicklung eines langmütigen Geistes

Wie wir gesehen haben (im ersten Teil), nennen die Buddhisten die Welt der Phänomene Samsara. Wie alle Weisen legt Hsu-Yun Wert auf Geduld und Festigkeit des Geistes, die unerläßlich sind bei der Suche nach der Wahrheit.

5. Schwierigkeit für die Anfänger, die einen gleichgültigen Geist besitzen

Hsu-Yun warnt die »Lehrlinge«, die den Weg des Ch'an einschlagen: »Wachsamkeit ohne Kontemplation führt zur Verwirrung und Instabilität, und Kontemplation ohne Wachsamkeit endet mit dem Versinken in einem stehenden Gewässer.«

Aufmerksamkeit und Meditation müssen miteinander einhergehen: Aufmerksam sein, ohne sein wahres Wesen zu kennen, führt zum Verlust der geistigen Heimat. Sich zu schnell in eine Pseudo-Meditation zu vertiefen und darüber die Wachsamkeit zu vernachlässigen, ruft übelerregende Zustände hervor, die der Hypnose verwandt sind. Sobald ihr Schläfrigkeit und Erstarrung über euch hereinbrechen fühlt, bewegt euch, geht auf und ab, aber laßt euch auf gar keinen Fall von diesen Zuständen verführen.

6. Die Last des allgemeinen Denkens ablegen und einen einzigen Gedanken entstehen lassen

Es ist relativ »einfach«, mit dem Denken aufzuhören, d. h. sich nicht mehr von Vorstellungen und Assoziationen hin- und herreißen zu lassen, die sich gegenseitig beeinflussen und ineinander übergehen. Wir bleiben oft von einem einzigen Gedanken abhängig: vielleicht vom Gedanken an die Meditation ... Die Abschaffung aller Gedanken, die die treibende Kraft für alle Irrtümer und für alle inkonsequenten Handlungen sind, wird von einer einfacheren und natürlicheren Wahrnehmung der menschlichen Existenz begleitet.

Hsu-Yun meint dazu: »Wasser zu holen und Feuerholz zu suchen, ist nichts anderes als die wunderbare Wahrheit. Das Bestellen der Felder und Bepflanzen der Erde sind ganz und gar potentielle Möglichkeiten des Ch'an.«

Nach dem Muster des Taoismus (siehe das Buch dazu in dieser Reihe) betont der Ch'an sehr stark die Identität von Meditation und natürlichem Leben, nahe den Elementen. Hinweise auf die Feldarbeit und das einfache naturverbundene Leben tauchen im Ch'an und im Zen ständig auf. Die durch die Meditation erworbene Weisheit führt zu einem einfachen Leben in den Wäldern und Bergen, weit entfernt von den Städten und Palästen.

Vorsicht! Man darf sich keine falsche Vorstellung von diesem »Wald des Ch'an« machen: Um richtig zu meditieren, genügt es nicht, sich einfach in den Wald zurückzuziehen!

7. Schwierigkeit für geübte Anhänger: die Unfähigkeit, einen Schritt weiter zu gehen, sobald man das obere Ende einer hundert Fuß hohen Stange erreicht hat

In diesem siebten Paragraph spielt Hsu-Yun auf die von ihrer eigenen Meditationspraxis blockierten Menschen an. Sie bleiben unfähig, ihre Wahrnehmung zu vertiefen.

Ihre Meditation hat sich mit einem Mal in ein Objekt, in eine routinemäßige Technik verwandelt.

Diese Leute setzen sich hin und meditieren, so wie man ins Büro oder in die Fabrik geht, sie verschränken Hände und Beine, nehmen einen vergeistigten Gesichtsausdruck an, sind aber dabei nichts anderes als »in einer tiefen Höhle vertrocknete Holzscheite«.

Hütet euch davor, aus der Meditation einen Zeitvertreib oder eine sportliche Disziplin zu machen!

8. Erleichterung für die geübten Anhänger: die Befolgung einer präzisen und ununterbrochenen Praxis des Ch'an

Die »geübten Anhänger der Praxis« meditieren, ohne zu meditieren. In Wirklichkeit meditiert überhaupt niemand ... Sie setzen sich nicht hin, um irgendeinen Nutzen daraus zu gewinnen. Es ist vielmehr eine angeborene und natürliche Haltung. Sie kennen weder Furcht noch selige Selbstzufriedenheit, die die Neulinge kennzeichnen.

Die alten Weisen des Ch'an warnen uns mit einem Augenzwinkern: Meditation heißt leben und sterben, macht keine Krankheit daraus!

SECHSTER TEIL

Auch gehen ist Zen,
Auch sich hinzusetzen, ist Zen.
Ob man spricht oder schweigt,
Ob man sich bewegt oder regungslos verharrt,
Immer bleibt der Körper in Frieden.
Selbst wenn man von einem Schwert bedroht wird,
Bleibt der Geist ruhig.
Selbst wenn man von Gift bedroht wird,
Bleibt der Geist unerschütterlich.

»Der Gesang des unmittelbaren Satori«. Chodoka
Erläuterungen von Taisen Deshimaru. (Retz)

Die Kunst des Zen

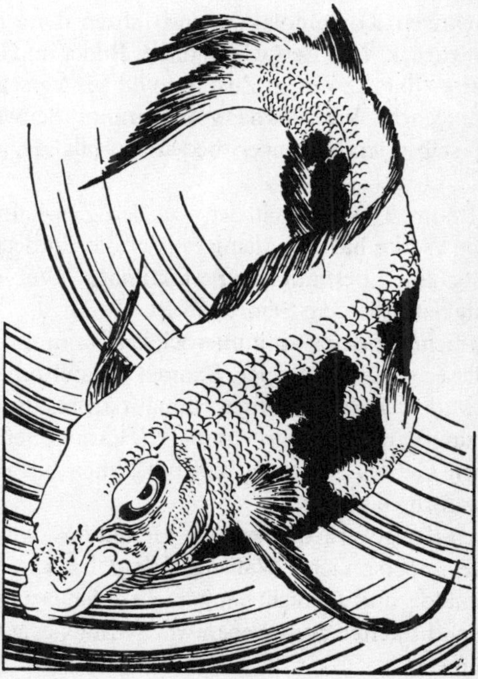

Die Dichtkunst – Die Malerei – Der Steinerne Garten von Ryoanji

Die chinesischen und japanischen Künstler haben das »Nicht-Denken« des Ch'an ganz tief in sich aufgenommen. Mit den ihnen eigenen Mitteln, Pinseln, Steinen, Versen, Blumen, haben sie versucht, die strahlende Macht der Erleuchtung zu vermitteln.

Poesie, Malerei und Gärten drücken die tiefste Spontaneität aus. Jenseits der ästhetischen Qualitäten offenbart sich das wahre unerschaffene Wesen.

Diese Werke entstehen in der Tiefe einer weder subjektiven noch objektiven Kontemplation und führen diese ins Nicht-Manifeste zurück. Das Betrachten dieser Bilder und das Leben dieser Verse führt zu einem Zustand völliger Versenkung. Es zählen weniger die Worte als das vorhergeahnte Schweigen. Die Gemälde selbst sind weniger bedeutend als der skizzierte Raum.

Stille, Raum. Die Qualität der von den Zen-Künstlern geschaffenen Werke hat als alleiniges Ziel die Entdeckung und Enthüllung einer bestimmten Perfektibilität (Vervollkommnungsfähigkeit), die dem Sein eigen ist.

Natur, nichts anderes als immer wieder Natur: So heißt das Thema dieser großen Künstler. Bäume, ein still ruhender See, Nebelschwaden. Es geht wieder einmal darum, durch subtile Nuancierungen die unwahrnehmbaren Variationen des aufmerksamen Geistes zu zeigen und mit seinen unzähligen Erscheinungsformen zu spielen.

Das Zen-Kunstwerk drückt kein Gefühl aus, sondern vielmehr eine unpersönliche Wahrnehmung. Es wäre unsinnig, diese Gemälde und Gedichte mit mehr oder weniger »oberflächlichen« Etiketten zu versehen wie: Nostalgie, Melancholie und Träumerei.

Beim Lesen und Betrachten müssen wir uns von ihrer Anmut und ihrer verströmenden Lebensfreude in Bann ziehen und ergreifen lassen ...

Aus dem Sein hervorgegangen, kehren Dichtkunst und Malerei ins Sein zurück ...

1. DIE DICHTKUNST

Besonders zur Zeit der T'ang-Dynastie (Tou-Fou, Mi-Fou, Wang-Wei) gab es zahlreiche chinesische Dichter, die unvergeßliche Verse schufen, deren Geist, deren Harmonie und Essenz sich dem Ch'an annähern.

Wie wir gesehen haben, schufen die großen Meister selbst apologetische Stanzen (die Gathas), die von einem unleugbaren ästhetischen Streben zeugen. Auch die Koan verweisen durch ihren offensichtlich rätselhaften Charakter auf eine Poesie der Aphorismen, die der der griechischen präsokratischen Philosophen (Heraklit, Empedokles) nahesteht.

Wir haben uns dafür entschieden, in dieser kurzen Einführung einen chinesischen Dichter vorzustellen, der den Europäern kaum bekannt ist und dessen Leben und Werk exemplarisch sind für die unpersönliche Ästhetik, die die non-duale Ausdrucksfähigkeit der Zen-Kunst kennzeichnet.

A) Han-Shan (VII. Jahrhundert)

Han-Shan und sein von ihm unzertrennlicher Gefährte Shi-Te sind in China sozusagen legendäre Persönlichkeiten. Auch heute noch genießen sie sowohl bei den Gelehrten als auch beim einfachen Volk höchste Wertschätzung.

Über das Leben Han-Shans ist praktisch nichts bekannt. Dieser ehemalige Beamte hatte sich in die Berge zurückgezogen und lebte als Eremit in einem Zen-Kloster, von dessen Namen er sein Pseudonym ableitete: Han-Shan, kalter Berg.

Jeden Tag kam er herunter, um etwas Nahrung zu holen, die sein alter Freund in den Küchen gestohlen hatte.

Die beiden Männer, die, in Lumpen gekleidet, mit einem Hut aus Baumrinde und Holzsandalen versehen waren, trieben sich den ganzen Tag aus voller Kehle lachend herum und machten Faxen und alberne Streiche. Die Verrückten des Zen machten sich über alles lustig, ihnen waren die Rituale fremd, und sie waren unfähig, Disziplin zu halten. Sie legten eine bewundernswerte Gleichgültigkeit gegenüber der Welt und ihren Äußerlichkeiten an den Tag.

Han-Shan ist sicherlich das beste Beispiel für den besitzlosen, ungebundenen Menschen, wie ihn Lin-Tsi rühmte (vgl. S. 118). Aber dieser heitere, unbekümmerte Mensch schrieb auch Poesie, und bald genoß er, ohne es selbst zu wissen, einen gewissen Ruf, der die stets auf Neues fixierten Gelehrten alarmierte ...

Han-Shan umging mit großem Geschick diese Versuche, ihn zu »korrumpieren«. Wenn eine wichtige Persönlichkeit ausgeschickt wurde, um ihn zu treffen, flüchtete er sich in seine geliebten Berge und behandelte die Diener, die mit Geschenken zu ihm kamen, wie Diebe!

Später gelang es trotz alledem, Teile von auf Stein gravierten Gedichten zu sammeln und hastig auf Bambus oder Baumrinde Kalligraphiertes zu retten.

Die Poesie Han-Shans ist ein wunderbares Zeugnis des Zen-Lebens, wie es schon immer von den großen Meistern des Goldenen Zeitalters gepriesen wurde: Wasser schöpfen, Holz fällen, ausgelassen und besitzlos sein ...

»Ich persönlich finde Gefallen an einem einfachen Leben
Zwischen der Beifuß-Pflanze im Nebel und steinigen Grotten
Sind meine wilden Gedanken so frei und spontan
Und die weißen müßigen Wolken begleiten sie lange
Es gibt Straßen, aber sie stehen nicht in Verbindung mit der Welt
Ohne Leidenschaft, die mich in Bann ziehen könnte,
Sitze ich des Nachts in einem Bett aus Steinen
Der runde Mond steigt über den Kalten Berg.«

»Zwischen tausend Wolken und tausend Wassern
steht mittendrin ein untätiger Mensch
Am hellichten Tag wandert er über die grünen Hügel
Des Nachts kehrt er zurück, um unter der Steilwand zu schlafen
Schnell ziehen Frühling und Herbst ins Land

Einsam, ohne Verbindung mit der staubigen Welt
Fröhlich! Worauf sollte ich mich stützen?
Ich bin ruhig wie das Wasser des Flusses im Herbst.«

B) Reisigzweige

Im XV. Jahrhundert erstellte ein japanischer Mönch eine Zitatensammlung aus den Schriften, den Worten der Meister und den chinesischen Werken des Taoismus und Buddhismus.

Diese Sammlung wurde ständig erweitert und im XVII. Jahrhundert unter dem Titel »Reisigzweige« veröffentlicht. Sie umfaßt etwa sechstausend Zitate.

Diese Fragmente werden oft von den japanischen Mönchen benutzt, um ihr Verständnis eines Koan zu veranschaulichen (dieser Prozeß führt zur Ästhetisierung der ursprünglichen Spontaneität).

Diese Wahl ist wohlgemerkt keine zufällige, sondern entspricht dem Geist, der der unlogischen Argumentation des behandelten Falls zugrundeliegt. Abgesehen von ihrer metaphysischen Bedeutung, zeugen die »Reisigzweige« von einer unbestreitbaren poetischen Sorgfalt: Gedankenschärfe und Fehlen von jeglicher Übertreibung oder jeglichem Pathos.

Man könnte sie mit den Spuren eines Vogels im Schnee oder im Sand vergleichen, die dieser kurz vor seinem Aufstieg hinterläßt. Der aufmerksame und geübte Geist wird sie zu identifizieren vermögen, wenn er sie lange genug betrachtet, und die Größe, die Farbe und den Namen des Tiers daraus ableiten können ...

»Einem Ärgernis zu begegnen, heißt,
eine Gnade zu empfangen.
Glücklich zu sein, heißt,
auf die Probe gestellt zu werden.
Der Schatten von Bambus begleitet die Schritte,
aber kein Staubkorn bewegt sich.
Der Mond spiegelt sich auf dem Grund des Teiches,
aber das Wasser bleibt spiegelglatt.

Auf der Spitze der Nadel
einen gefährlichen Sprung tun.
Es sind nicht die Worte,
die den Menschen etwas begreifen lassen.
Man muß zuerst ein Mensch werden,
ehe man sie begreifen kann.«

Zitate aus dem Buch *»Le Bouddhisme hors de L'Inde«* (Der Buddhismus außerhalb Indiens) von Lilian Silburn (Stock)

C) Das Haiku

Das Haiku ist ein kurzes japanisches Gedicht, das aus drei Verszeilen besteht (5–7–5 Silben). Dieses bewundernswerte dichterische Werk wird im allgemeinen siebenhundert Jahre zurückdatiert, aber im XVII. Jahrhundert erfährt das Haiku dank der Meisterschaft einiger großer Dichter seine Blüte. Heutzutage werden ihm Fachzeitschriften gewidmet, und ein alljährlicher Wettbewerb unter den Lesern ermittelt den vom Kaiser belohnten Sieger.

Es wäre sicher falsch, allen zeitgenössischen Haikus eine Bedeutung im Sinne des Zen beizumessen. Einige sind unzweifelhaft vom spirituellen Geist geprägt, andere drücken prosaischere Gefühle aus.

Es ist völlig unmöglich, den Inhalt eines Haikus zusammenzufassen oder es zu erläutern, ohne in Umschreibungen zu verfallen. Seine drei Verse unterliegen feinen Nuancen, verdichten eine globale Wahrnehmung, aus der eine treffende Pointe hervorgeht.

Im Zusammenhang mit den Haikus kann man von einer unbeweglichen Intensität sprechen. Keinerlei Anpielungen, keinerlei didaktisches Vorgehen beeinträchtigen Kürze und Bündigkeit des Gedichts. Sein Verfasser streift das Unpersönliche, wie eine Blume öffnet er sich der Gegenwart der Welt an sich, ohne je in Abstraktionen zu flüchten.

In seiner reinen Zen-Bedeutung ist das Haiku vom Zustand des »Nicht-Geistes« (Mushin) »angehaucht«: Die Welt kommt

im weder objektiven noch subjektiven Bewußtsein des Betrachters zu Fall.

Das Haiku entsteht an der Grenze zwischen Traum und Wachzustand, entfaltet sich an der Grenze zwischen Dunkelheit und Licht und erblüht in der sich verflüchtigenden spirituellen Morgendämmerung, die nicht mehr zwischen »innen« und »außen« unterscheidet.

DER ALTE TEICH
EIN FROSCH SPRINGT HINEIN
PLUP!

Der Tradition zufolge bringt dieses Haiku des großen Meisters dieses Genres, Basho, das plötzliche Begreifen der Substanz des Zen zum Ausdruck. Das Rätsel des Universums wurde mit einem Schlag gelöst, als der Dichter das »Plup« eines Frosches hörte, der in den Teich sprang.

Das Haiku vermittelt eine spannende Beobachtung. Das Chaos der Welt verschwindet in einem vertikalen Sprung. Die nicht wahrnehmbaren Erschütterungen der Nuance lösen sich im unpersönlichen Bewußtsein auf.

Ein Haiku zu lesen, bedeutet, den Eindruck, die Atmosphäre, das Gefühl nachzuvollziehen, das seiner Entstehung vorausging. Der Sinn erschließt sich von selbst, kann aber nicht gesucht oder im voraus erraten werden. Ein Haiku kann man nicht erklären, man kann ihm nur lauschen ...

DER SCHMETTERLING
SITZT AUF DER TEMPELGLOCKE
SCHLAFEND

Buson

SOMMERMÜCKEN
FALLEN TOT
AUF MEIN BUCH

Shiki

VOR DER ERBLÜHTEN KLETTERPFLANZE
NEHMEN WIR UNSERE MAHLZEIT EIN
WIR, DIE WIR NUR MENSCHEN SIND

Basho

DER ALTE KALENDER
ERFÜLLT MICH MIT DANKBARKEIT
WIE EIN SUTRA

Buson

Diese Zitate sind dem wunderbaren Buch *»Haiku«* (Roger Munier, Fayard) entnommen.

2. DIE MALEREI

Japanische und chinesische Künstler haben eine Anzahl von Gemälden geschaffen, die wahrscheinlich die schönste ästhetische Umsetzung des »Nicht-Denkens« im Zen sind.

Das Schlüsselwort der Malerei des Ch'an ist Raum.

Bei der Betrachtung eines Bildes gilt unsere Aufmerksamkeit den Formen, dem Inhalt, den Gegenständen, Tieren und winzigen Personen. Wir richten unseren Blick auf den anekdotischen Aspekt des Werkes und vergessen dabei die Perspektive und den Hintergrund, der ihm zugrundeliegt.

Das Sutra des Herzens könnte fast für die Gesamtheit der Malereien des Ch'an als Legende dienen: »Die Leere ist die Form, die Form ist die Leere, die Leere ist die Leere, die Form ist die Form ...«

Man muß bedenken, daß die meisten dieser Künstler nie nach dem Motiv arbeiteten, sondern es sich einprägten, es nach einer langen Phase der Kontemplation verinnerlichten und dann versuchten, einem unpersönlichen kreativen Impuls folgend, es auszudrücken ...

Der folgende Dialog zwischen dem alten Meister Ching-Hao und seinem Schüler gibt einen Eindruck vom Geisteszustand, der dem bildnerischen Schaffen des Zen unbedingt vorausgehen muß.

»Malen heißt, Werke voller Schönheit zu schaffen. Ist es zu diesem Zweck nicht notwendig, die Dinge getreu abzubilden?«

»Keineswegs. Malen heißt malen. Sich der Formen bewußt werden und sie ausdrücken; die Schönheit der Dinge ermessen und sie vermitteln, die Realität (das heißt, ihre Bedeutung) ermessen und sie erfassen. Man darf nicht die äußere Schönheit für die Wirklichkeit halten. Derjenige, der dieses Geheimnis nicht begreift, kann die Wahrheit nicht zum Ausdruck bringen, selbst wenn das Gemälde ähnlich ist.«

»Worin besteht der Unterschied zwischen ›Ähnlichkeit‹ und ›Wahrheit‹?«

»Die Ähnlichkeit kann durch seelenlose Formen erreicht werden, aber sobald die Wahrheit erreicht wird, finden sowohl der Geist als auch die Materie ihre volle Entfaltung. Derjenige, der versucht, den Geist mittels einer rein dekorativen Schönheit auszudrücken, malt nur tote Dinge.«

Nancy Wilson Ross, »Die Welt des ZEN«
(Le monde du ZEN)

Den japanischen Malern zufolge hängt die Qualität eines Werkes, aber auch seine Authentizität, von zwei ästhetischen Kriterien ab.

Das Wabi: Dies ist ein Zustand der Loslösung von der Welt und ihren vorübergehenden Äußerlichkeiten. Er spiegelt eine innere Reinigung wider, eine Armut und Demut, die von den Konventionen der kulturellen Umgebung frei sind.

Das Sabi: Die »Theoretiker« der Kunst des Zen messen der »wilden« Schönheit, die einer gewissen Unvollkommenheit entspringen kann, großen Wert bei. Die ungezierte Ungeschicklichkeit und Naivität einiger Künstler hat ihren Ursprung in der originellen Wahrnehmung.

Die Ch'an-Künstler haben immer den Manierismus abgelehnt. Zwei chinesische Meister (die im Westen wenig bekannt sind) vermitteln die ständige Herausforderung einer Kunst, die im Kult der befreienden Spontaneität und der natürlichen Wirkung ihre Wurzeln hat. Ihre »wilden« Techniken erinnern seltsamerweise an die unkonventionellen Methoden einiger zeitgenössischer Maler, die sich, wie Pollock und Tobey, übrigens mit orientalischer Kunst beschäftigen.

Zhang Zao (Ende des VIII. Jahrhunderts): Dieser Beamte der T'ang-Dynastie legte eine wunderbare Ausdrucksfreiheit an den Tag, indem er mit zwei Pinseln gleichzeitig arbeitete (mit dem einen skizzierte er einen leeren Pinienzweig, mit dem anderen einen erblühenden). Oft schreckte er nicht davor zurück, zum großen Entsetzen der Ästheten die »Leinwand« mit beiden Händen zu bearbeiten.

Alle die ihn bei der Arbeit gesehen hatten und von seinen Trancezuständen beeindruckt waren, riefen: »Was er macht, ist keine Malerei mehr, sondern reiner Taoismus!«

Zhang Zao faßte seine Methode in einer treffenden Formel zusammen: »Äußerlich bemühe ich mich um ein Werk, innerlich erfasse ich die Quelle meines eigenen Geistes.«

Wangmo (IX. Jahrhundert): Er drückte seine tiefe Liebe zur Malerei geradezu mit Verbissenheit und unerhörter Gewalt aus.

Dieser chronische Trinker, der aus voller Kehle schrie und sang, bespritzte die Seidentücher mit Tinte, die er zuvor mit bloßen Händen bearbeitet hatte, versetzte dem Gemälde Fußtritte, und am Höhepunkt seiner Exaltiertheit kam es vor, daß er seine Haare in einen Eimer mit Tinte tauchte und damit über die Leinwand fegte.

Das rüde Vorgehen und die ursprüngliche Wildheit dieser beiden Künstler, die übrigens in den Katalogen der Gelehrten sorgsam als »außer Konkurrenz« liefen, erinnern natürlich an die Kraft der alten Ch'an-Meister, besonders an den ungebärdigen Lin-Tsi.

Die Predigten von Lin-Tsi, die Gedichte von Han-Shan und die Bilder von Wangmo: Das Goldene Zeitalter des Zen gebiert mit Schreien, Riten, Pinselschlägen und Stockhieben den wahren und freien Menschen ...

3. DER STEINERNE GARTEN VON RYOANJI

Dieser seltsame »Garten« stammt aus dem XV. Jahrhundert. Sein Schöpfer ist anonym geblieben. Lange Zeit war den Japanern die ergreifende Schönheit dieser Steinhaufen nicht bewußt, die da brach lagen und verlassen, bedeckt von Moos und Pflanzen. Es handelt sich um einen leeren, rechtwinklig begrenzten Raum. Fünfzehn Felsen, von denen einige halb in der Erde stecken, ragen aus einer Fläche von sorgfältig geharkten Kieselsteinen hervor.

Diese Steinblöcke sind in fünf Gruppen angeordnet. Es ist unmöglich, einen Gesamteindruck von diesen Felsen zu erhalten. Man muß also unter einem Verandadach herumwandern, das zu diesem Zweck errichtet wurde.

Die »modernen« Kommentatoren haben sich sehr angestrengt, den rätselhaften Sinn dieser Anhäufungen von Felsbrocken zu entschlüsseln, wobei sie ihnen eine teils symbolische, teils »natürliche« Bedeutung zusprachen.

Wir ziehen es vor, an der Idee einer Art »visuellen Koans« festzuhalten. Vor diesen hoch aufragenden Felsen und den von den Mönchen mit der Harke minutiös gezogenen Linien muß der Verstand unwillkürlich verstummen.

In dieser ästhetischen Anordnung gibt es nichts Verborgenes zu entdecken. Wir müssen uns damit begnügen, sie still zu betrachten, ohne einen Hinweis auf etwas »Nicht-Gesagtes« zu suchen. In Wirklichkeit gibt es keinen Unterschied zwischen diesem steinernen Garten und der täglichen Realität. Es bleibt nur uns allein überlassen, die Natur oder das urbane Chaos als metaphysische Schöpfung zu betrachten, deren Ästhetik ihren Zweck in ihrer eigenen Verwirklichung findet.

Die japanischen und chinesischen Kunstwerke der Zen-Schule lehren uns zu hören und zu beobachten. Sie sind offen für das gewöhnliche Leben.

Diese literarischen oder bildnerischen Werke beinhalten keinen Bruch oder Mißerfolg (wie das oft bei den europäischen Künstlern der Fall ist), sondern regen zu einem stillen und fruchtbaren Dialog mit unserem unerschaffenen wahren Wesen an ...

Schluß

Der Zen? Eure täglichen Gedanken ...

Über den Zen zu schreiben, ist heller Wahnsinn, eine unlösbare Aufgabe. Die Meister wußten dies zu vermeiden, indem sie das zerbrechliche Gleichgewicht der Sprache durch Paradoxe, die Umkehrung von Situationen, durch Schreie und Schweigen erschütterten ...

Wenn der Leser im Laufe dieser langen didaktischen Erläuterungen nur einen Moment lang das wahre Wesen des Zen verspürt hat, wird er den Wunsch haben, sich den grundlegenden Texten des Zen zuzuwenden und sich vom ursprünglichen Geist erfassen zu lassen. In diesem Fall war unsere Arbeit nicht umsonst ...

Wir müssen uns mit Offenheit und Entschiedenheit dem Studium des Ch'an nähern, ohne unsere eigenen Interpretationen zu projizieren und ohne unser persönliches Bild vom Wesen des Menschen aufzudrängen.

Der Zen verlangt, daß wir wach, lebendig, uns selbst treu und von unseren Verhaltensmustern frei bleiben.

Wir haben bereits in unserer Einführung darauf hingewiesen: Es gibt zahlreiche zeitgenössische Denker, die sich bemühen, den Zen zu erfassen. In Wahrheit geht es weniger darum, etwas zu begreifen, als vielmehr darum, etwas zu leben ... Welche Bedeutung hat schon die Entdeckung einer »neuen Logik«, wenn die Gezeiten des Lebens rastlos vorübergehen ...

Es genügt jedoch nicht, sich von den Konventionen der Ratio zu befreien. Die Rückkehr zum Konkreten, die der Zen beinhaltet, verführt die etwas kurzsichtigen Geister oft und bringt sie vom rechten Weg ab.

Die knappen Antworten der chinesischen Weisen auf die Frage nach der Bedeutung ihrer Lehre: »Die Zypresse im Hof«, »Drei Pfund Flachs«, »Wenn ich esse, esse ich, wenn ich schlafe, schlafe ich«, werden zu oft wörtlich genommen.

In den Augen einiger Menschen wird der Zen auf diese Weise als »gottlose« oder gar »materialistische« Religion ausgelegt. Sie vergessen die wichtige Beziehung Meister–Schüler, die zu diesen Paradoxen geführt hat, und belassen es bei der Antwort, indem sie ihre Reflexion mit einer Überbewertung des »Wirklichen« beschließen.

Folglich kehrt der Ch'an – wie wir betont haben – alle konventionellen Vorstellungen über den Beobachter und das Beobachtete absichtlich um.

Die Zypresse im Hof ist keine Finalität, sondern eine Gelegenheit zur Umkehr des Verstandes, der Wegweiser zu einer erneuerten und »erfrischten« Perspektive ...

Desgleichen muß man sich vor extremen Annäherungen sehr hüten, die dazu neigen, aus dem Zen eine Apologie der »äußeren« Phänomene zu machen.

Sich auf absurde Weise an die Paradoxe zu klammern, heißt, die Substanz des »Nicht-Denkens« des Zen zu vernachlässigen. Nämlich die Erweckung seines ursprünglichen Wesens. Der Funke der non-dualen Wahrnehmung kann nicht einer logischen Reflexion entspringen, die den Worten der Meister eine substantielle Bedeutung zuspricht.

Täuschen wir uns nicht: Die fragende Aufmerksamkeit darf nicht zugunsten einer umständehalber bedingten Sicherheit »auf der Strecke bleiben«: Es genügt nicht, seinen Teller leer zu essen, um in den Zen eingeweiht zu werden.

Die Meister wenden sich an Mönche, die bereits sehr viel Sinn für Spiritualität besitzen. Sie tadeln sie und ermuntern sie zur Erweckung ihres eigenen unerschaffenen Geistes, und zwar weniger, um die Wirklichkeit zu fundieren, als um die Verirrungen und Ausflüchte des Intellekts zu betonen. Wir können jedoch unsererseits den Buddhismus nicht im Namen einer spirituellen Trägheit verschmähen. Dieses Gehenlassen, das einige Zen-Adepten kennzeichnet, ist kein neues Phänomen. Die Gegner des Ch'an haben es bereits seit dem XIII. Jahrhundert hervorgehoben.

»Die Lektüre der Sutras ist weniger denn je in Mode, während das Studium des Zen verbreiteter ist als je zuvor. Das Schlimmste ist, daß die unwissenden Bauern nach ihren Klosteraufenthalten über alle Maßen begeistert sind und, ohne viel über den Geist der Lehre nachzudenken, sich selbst zu Meistern ernennen. Sie würdigen dadurch nicht nur die alten Meister her-

ab, sondern mißachten auch die Sutras und deren Inhalte durch ihre unqualifizierten persönlichen Aussagen. Die dummen Massen werden getäuscht, und selbst ehrbare Männer, die dennoch nur wenig gelernt haben, finden Gefallen an den sinnentleerten Märchen über den Zen.«

Das Studium des Zen darf nicht vordergründig prahlen, die mißbräuchliche Auslegung bestimmter »Geschichten« läßt bewußt die Übermittlung von Geist zu Geist unberücksichtigt, wobei diese Form der Übermittlung doch die Hauptstütze der Lehre darstellt ... Der Inhalt der Lehre, das dialektische Feld, das sie abdeckt, werden fehlgeleitet und auf ihre materiellen Besonderheiten reduziert.

Im Gegenteil, wenn wir uns fest an die metaphysischen Grundsätze des Buddhismus (Unwirklichkeit der individuellen Seele und der Phänomene, zum Beispiel) halten, können wir von der Lehre der Meister profitieren.

Es gibt keinen Grund, die Welt abschaffen oder von sich aus leugnen zu wollen.

Auf die traditionellen Fragen nach dem Wesen dieser letzten Erfahrung könnten die Weisen heutzutage sehr wohl antworten: »Das Auto auf der Straße«, »Drei Hamburger«, »Wenn ich U-Bahn fahre, fahre ich U-Bahn«, »Wenn ich fernsehe, sehe ich fern« ...

Das »moderne« Alltagsleben ist nicht unvereinbar mit dem Geist des Ch'an. Wir können die Hektik der Stadt sehr wohl mit dem gleichen Bewußtsein betrachten, mit dem einst der Künstler den steinernen Garten von Ryoanji schuf ...

Die richtige Einstellung zu den Anforderungen des familiären, gesellschaftlichen und beruflichen Lebens der Großstädte besteht nicht darin, zu fliehen, sondern sich von der Sicherheit einer Pseudo-Individualität freizumachen. Wenn wir die Persönlichkeit sich frei entfalten lassen, gelangen wir zum wahren Verständnis ...

Natürlich eignet sich die Natur eher zur Erkenntnis der tiefen Wahrheit, aber die hellsichtige Beobachtung des »sozialen« Individuums in den Fängen seiner Konditionierungen entschlüsselt die egoistischen Verhärtungen, die Reaktionen,

Für den Zen ist Flucht keine Lösung

Begierden und Abneigungen, mit denen wir uns unbewußt identifizieren.

Der Ch'an unterbricht die trügerischen Interpretationen der »menschlichen Existenz«, aber es wäre falsch, sich nur stupide an einen Ausdruck der negativen Dialektik der Meister zu halten. Man kann nicht bis zum Überdruß bestimmte Zen-Formeln wiederholen. Dieses endlose Wiederkäuen käme einem Selbstmord des Individuums gleich, das seines Lebenssinns beraubt wäre.

Früher oder später müssen wir alles vergessen, was wir über den Zen gelernt haben, um uns »mit Entschlossenheit und Mut« in die Leere unter uns fallen zu lassen ...

Diese Haltung, die häufig als »Nicht-Handeln«, als »Gewährenlassen« beschrieben wird, umfaßt ein Fehlen von Reaktionen auf »äußere« Reize.

Die Erleuchtung vollzieht sich plötzlich, aber im allgemeinen erst am Ende eines langen Prozesses der Wiederzusammenführung der Energien. Dieser Prozeß läuft in drei Etappen ab:

»Ehe ein Mensch den Zen studiert, sind Berge für ihn Berge, und Gewässer sind Gewässer. Sobald er durch die Unterweisung seitens eines Meisters die innere Vision der Wahrheit des Zen verwirklicht hat, sind die Berge keine Berge mehr und die Gewässer keine Gewässer. Aber danach, wenn er tatsächlich Zuflucht in der Ruhe findet, sind die Berge wieder Berge und die Gewässer wieder Gewässer.«

Der entscheidende Moment der Zen-Erfahrung gleicht einem Fall ins Leere: Wir hören plötzlich auf, die Dinge zu bewerten, die Gedanken und Erscheinungen zu benennen und zu bezeichnen.

Vorher ging unsere Wahrnehmung unmittelbar von der Sprache ab, die Welt war nur eine unangenehme Beschreibung, die von der Erziehung und der umgebenden Kultur »infiziert« war. Dann haben sich mittels der Beobachtung diese Zwänge aufgelöst, und wir erkennen die Welt nicht wieder, sondern sind über ihren neuen Charakter verblüfft (»Die Berge sind keine Berge mehr«).

Schließlich hat sich die fragende Spannung gelegt, der Verstand hat seine Vorherrschaft verloren und ist zweitrangig geworden. Inmitten einer nicht auf Objekte fixierten Wahrnehmung betrachten wir die Welt ohne Scheuklappen. Die Berge sind Berge.

Diese vorübergehende Erfahrung läßt die Gedanken hin- und herirren. Durch die geduldige Anwendung des Zweifels (Huat'ou) gelangt der ursprüngliche Geist ans Tageslicht, entfaltet sich schließlich und überflutet von allen Seiten das individuelle Bewußtsein.

Man könnte die Erleuchtung als geglückte »Transaktion« zwischen den beiden Seiten der Erscheinungen bezeichnen: zwischen der »inneren« Wahrnehmung und der Offenbarung der Phänomene.

Die Erleuchtung bringt eine Rückwende zur Welt mit sich, ein strahlendes Zutagetreten (das in einigen Haikus poetisch dargestellt wird).

Ein Meister bringt die »Himmelfahrt« der Wirklichkeit folgendermaßen zum Ausdruck: »Seit ich die Pfirsichbäume blühen sah, habe ich an nichts mehr gezweifelt ...«

Eines Tages werden wir über unsere eigene Nase stolpern,

unsere Projektionen werden schmelzen wie der Schnee in der Sonne, und das wahre Wesen wird sich in seiner tiefsten Fülle offenbaren.

»Alle Dharmas sind von ihrem Ursprung an
im wesentlichen schweigend und leer
Wenn der Frühling kommt und hunderte von Blumen
erblühen
singt der gelbe Pirol im Weidenbaum.«

HEYNE SACHBUCH

HEYNE BÜCHER

Ungelöste Rätsel der Welt

01/7223 - DM 7,80

01/7192 - DM 12,80

01/7179 - DM 10,80

01/7201 - DM 7,80

01/7240 - DM 9,80

01/7182 - DM 7,80

01/7186 - DM 10,80

01/7188 - DM 5,80